CHAQUE PIÈCE, 20 CENTIMES. 47e et 48e LIVRAISONS.

THÉATRE CONTEMPORAIN ILLUSTRÉ

MICHEL LÉVY FRÈRES, ÉDITEURS, RUE VIVIENNE, 2 BIS.

LES CONTES DE LA REINE DE NAVARRE

OU

LA REVANCHE DE PAVIE

COMÉDIE EN CINQ ACTES, EN PROSE

PAR

MM. SCRIBE ET LEGOUVÉ

REPRÉSENTÉE, POUR LA PREMIÈRE FOIS, A PARIS, SUR LE THÉATRE-FRANÇAIS, LE 13 OCTOBRE 1850.

DISTRIBUTION DE LA PIÈCE

CHARLES-QUINT, roi d'Espagne	MM. SAMSON.
FRANÇOIS Ier, roi de France	GEFFROY.
GUATTINARA, ministre de la maison du roi d'Espagne	RÉGNIER.
HENRI D'ALBRET, gentilhomme Béarnais	DELAUNAY.
BABIEÇA, courrier de cabinet	GOT.
MARGUERITE, sœur de François Ier	Mmes MADELEINE BROHAN.
ISABELLE DE PORTUGAL, fiancée de Charles-Quint	FAVART.
ÉLÉONORE, sa sœur	FIX.

La scène se passe à Madrid, dans le jardin du roi d'Espagne.

ACTE PREMIER.

(Un salon du palais.)

SCÈNE PREMIÈRE.

CHARLES-QUINT, *assis en robe de chambre de velours, dans un fauteuil à gauche;* GUATTINARA, *debout près de lui.*

GUATTINARA.

Quoi, sire! moi qui croyais qu'on m'avait desservi auprès de Votre Majesté, et qui attendais son retour de Tolède comme le signal de ma disgrâce, je reçois de mon maître, du puissant Charles-Quint, le titre et la charge de ministre du palais!

CHARLES-QUINT.

Pour que la fumée du pouvoir ne te monte pas trop à la tête, nous allons te dire pour quelles raisons nous t'avons choisi, toi, simple cadet d'une illustre maison, de préférence à tout autre. Jeune et sans expérience, tu te laisseras guider par moi; sans renommée politique, on n'ira pas t'attribuer, comme au vieux duc de l'Infantado ton prédécesseur, tout ce que je pourrai entreprendre d'audacieux et d'habile. Enfin, tu as une ambition, une ambition effrénée?

GUATTINARA.

Ah! sire!...

CHARLES-QUINT.

Ne t'en défends pas! c'est ton principal mérite à mes yeux! De plus, ce qui nuit aux hommes d'Etat, ce sont les femmes; c'est par elles que s'est perdu le roi de France, le chevaleresque François Ier, naguère mon rival et aujourd'hui mon prisonnier, ici, à Madrid. C'est pour elles que le duc Philippe d'Autriche mon père a risqué un trône et ses jours peut-être! et moi-même... (c'est sans doute dans le sang!) j'ai vingt fois failli compromettre les plans les plus habilement conçus pour une fantaisie, un caprice du moment... amours qui ne duraient que l'espace compris entre un désir et un regret... tandis que toi, Guattinara, je t'ai observé!... impassible et froid...

GUATTINARA.

Vous croyez, sire?

CHARLES-QUINT.

Oui! et voilà pourquoi je t'ai pris pour ministre. Maintenant, parlons d'affaires! De quoi s'agit-il ce matin?

GUATTINARA.

D'abord, sire, du jour à choisir par Votre Majesté pour son mariage avec l'infante Isabelle de Portugal?

CHARLES-QUINT.

J'arrive, et je l'ai à peine entrevue hier soir; mais toi, Guattinara, qui as passé l'année dernière six mois à Lisbonne, comme envoyé extraordinaire, tu voyais la princesse Isabelle?

GUATTINARA, *avec embarras.*

Oui, sire!

CHARLES-QUINT.

Très-souvent, à ce qu'on dit.

GUATTINARA, *de même.*

Quelquefois, sire! Nièce du roi Emmanuel, dont la fille existait encore, l'infante Isabelle vivait dans la solitude, partage ordinaire des princes sans crédit ; on lui trouvait même fort peu de mérite ; mais depuis, et grâce aux circonstances, elle en a acquis beaucoup.

CHARLES-QUINT.

Je la verrai, ce matin, à la messe, et demain soir chez elle, où je désire qu'il y ait réception ; tu le lui feras savoir. Après, de quoi as-tu à me parler ?

GUATTINARA, *ouvrant son portefeuille.*

D'une demande d'audience adressée à Votre Majesté.

CHARLES-QUINT.

Par qui ?

GUATTINARA.

Par un Français, le comte Henri d'Albret, qui a été blessé à Pavie.

CHARLES-QUINT.

Que vient-il faire à Madrid ?

GUATTINARA.

Il demande à partager la captivité du roi François Ier, son maître.

CHARLES-QUINT, *froidement.*

Ce doit être un jeune homme ?...

GUATTINARA.

Un tout jeune homme.

CHARLES-QUINT.

C'est juste ! c'est d'un noble cœur ! Il serait difficile, en le voyant, de refuser... (*Lentement.*) C'est pour cela...

GUATTINARA.

Que Votre Majesté lui accorde cette audience ?

CHARLES-QUINT, *après avoir réfléchi.*

Tu l'arrangeras, Guattinara, pour l'ajourner indéfiniment ! Après, de quoi s'agit-il ?

GUATTINARA.

De l'objet le plus important et le plus grave. Quelle conduite aurai-je à tenir avec le roi François Ier, votre captif ?... Depuis trois mois il est prisonnier à Madrid sans avoir pu, malgré toutes ses instances, obtenir une entrevue de son frère, l'empereur Charles-Quint. Quelles sont les intentions de Votre Majesté ?

CHARLES-QUINT, *d'un air distrait.*

Mes intentions ?...

GUATTINARA.

Votre Majesté consent-elle à le voir, à lui parler ?...

CHARLES-QUINT.

Non !

GUATTINARA.

Vos idées sont alors de lui donner la liberté ?

CHARLES-QUINT.

Non !

GUATTINARA.

Alors... sire, que voulez-vous faire ?

CHARLES-QUINT.

Tu ne devines pas ?

GUATTINARA, *timidement.*

Presque !... Je crois, s'il m'est permis de le dire, que Votre Majesté travaille en ce moment à ne rien faire et compte sur moi, pour l'y aider, afin d'amener par l'impatience et l'ennui de la captivité à des concessions... qu'on n'eût jamais faites.

CHARLES-QUINT, *regardant Guattinara avec bonté.*

Voilà longtemps que tu es debout, Guattinara ?... Assieds-toi.

GUATTINARA, *s'en défendant.*

Devant l'Empereur ?...

CHARLES-QUINT, *de même.*

L'Empereur le veut. (*Avec bonté.*) C'est toi, qui d'abord avais été préposé par moi, pendant que j'étais à Tolède, à la garde du roi François Ier notre frère... Comment cela s'est-il passé ? je veux tout savoir ! Et d'abord, son entrée à Madrid...

GUATTINARA.

A été magnifique... on eût dit non pas un captif, mais un vainqueur, un monarque rentrant dans sa capitale. Les Espagnols aiment la valeur, sire, et ce roi qui, entouré d'une vingtaine de braves, avait combattu jusqu'au dernier moment contre une armée entière, ce roi chevalier, qui ayant déjà reçu trois blessures, refusait de se rendre au connétable de Bourbon, à un traître, et choisissait un loyal officier, un Espagnol, pour lui remettre son épée, que celui-ci recevait un genou en terre... tout cela avait exalté les têtes ; les maisons étaient pavoisées aux armes de France ; des feuillages ou des fleurs jonchaient les rues, et tous les balcons étaient garnis de jolies femmes qui, agitant leurs mouchoirs, criaient : Vive le roi de France !...

CHARLES-QUINT, *s'efforçant de sourire.*

Et le roi d'Espagne ?...

GUATTINARA.

On y pensait peu dans ce moment ; ce qui me choquait, moi, et me blessait au cœur.

CHARLES-QUINT.

Ce bon Guattinara !...

GUATTINARA.

Mais au palais, c'était bien autre chose encore ! Quelle réception, grand Dieu ! des cercles, des bals, des fêtes. Nos marquises, nos duchesses, ce qu'il y avait de plus élevé à la cour, à commencer par la princesse Éléonore votre sœur, venaient chaque jour rendre hommage au vaincu de Pavie, qui tenait cour plénière et trônait à votre place ! cela m'a paru un crime de lèse-majesté ; sans compter qu'un tel accueil lui devait mettre trop de fierté au cœur... et le rendre trop difficile aux accommodements. Je me suis dit, puisque Votre Majesté m'avait laissé toute latitude à cet égard, qu'il fallait briser sa force et affaiblir son courage par l'abandon, la solitude, et substituer à une prison dorée une captivité réelle.

CHARLES-QUINT, *se levant.*

Très-bien !

GUATTINARA.

Mais ce qui était difficile alors le devient bien plus aujourd'hui... Voilà quinze jours que la sœur de François Ier, la princesse Marguerite, est à Madrid.

CHARLES-QUINT.

Eh bien ?...

GUATTINARA.

Eh bien !... pour parvenir jusqu'à ce frère dont la vue lui est interdite, il n'y a pas, en votre absence, un des conseillers de la couronne qu'elle ne soit parvenue à intéresser en sa faveur. Aux uns, elle raconte les fatigues et les périls de son voyage, au cœur de l'hiver, en pays ennemi, pour apporter ses consolations à ce frère, son idole et son dieu !... chez d'autres, ranimant les vieux sentiments de fierté et de générosité espagnole, elle leur rappelle que le Cid renvoyait sans rançon les rois maures qu'il avait vaincus. Dans les salons du palais, elle fait de la politique avec le président de l'audience de Castille, des vers avec votre secrétaire, de la théologie avec le grand inquisiteur ; et s'il se trouve par hasard quelques sévères et impassibles hidalgos, devant qui ses séductions soient impuissantes, c'est à leurs femmes qu'elle s'adresse. Avec les plus jeunes, elle devise tendresse et propos galants ; avec d'autres plus mûres, elle s'occupe de toilette et de modes de France ; à celles-ci, attentives et charmées, elle récite ses contes joyeux et naïfs, inépuisable arsenal de malices féminines dont celles mêmes qui l'écoutent ont souvent fourni les traits ! Confidente et amie intime de toutes, c'est elle que chacune consulte, sur la coupe d'un habit de bal, la forme d'un bijou ou l'ordonnance d'une fête. Enfin, quoique femme, toutes les femmes l'adorent et la prennent pour modèle. Aussi, depuis quelques jours, sire, votre cour n'est plus reconnaissable ; à la gravité espagnole, au respect de l'étiquette, à l'entretien muet et décent de nos salons ont succédé la gaieté, l'étourderie française ; c'est un bruit continuel de conversations, de chansons, d'éclats de rire, et l'on dirait qu'avec son roi captif Paris tout entier se retrouve à Madrid.

CHARLES-QUINT, *se levant avec gravité.*

Oui ! Marguerite est d'autant plus dangereuse, qu'à toutes ses qualités ou à ses défauts elle joint celui d'être honnête femme ! Vertu galante et folle, en apparence, mais appuyée sur une vraie dévotion, défendue par une haute coquetterie ; et je ne sais rien d'aussi difficile à vaincre qu'une sagesse qui rit toujours ! (*D'un air d'abandon.*) Sais-tu, Guattinara, que j'ai dû l'épouser ?

GUATTINARA.

Vous, sire ?...

CHARLES-QUINT.

Je l'avais fait demander en mariage, et elle m'a bravement refusé.

GUATTINARA.

Je conçois alors que Votre Majesté ait résolu de ne pas la voir.

CHARLES-QUINT.

C'est la première personne que j'ai aperçue hier soir, à mon arrivée de Tolède, dans l'appartement d'Éléonore d'Autriche, ma sœur, à côté de la princesse de Portugal, ma fiancée ! Elle achevait de broder une aumônière, dont j'admirais le travail, m'informant (ce qui était presque l'engager à me l'offrir) à qui elle destinait ce chef-d'œuvre ?... Au plus loyal des chevaliers, répondit-elle froidement !... et elle ne me l'offrit pas !

GUATTINARA.

C'est d'une fierté !... d'une insolence !...

SCÈNE II.

LES PRÉCÉDENTS, BABIÉCA *entre par la porte de gauche ; il porte un manteau et un riche pourpoint sur son bras.*

CHARLES-QUINT, *qui est resté plongé dans ses réflexions.*

Qui vient là ?

GUATTINARA.

Babiéça, le valet de chambre et le courrier de Votre Majesté.

CHARLES-QUINT.

Qu'il revienne !

BABIÉCA, *bas à Guattinara.*

Voilà trois fois que je reviens !

GUATTINARA, *au roi, qui vient de s'asseoir devant la table à droite, et qui regarde une carte de géographie.*

Il dit que voilà trois fois qu'il revient.

CHARLES-QUINT, *de même.*

Qu'il attende!

BABIÉÇA, *bas à Guattinara.*

Je ne fais que cela!

(Babiéça entre dans le cabinet de toilette du roi, à gauche. Pendant ce temps Guattinara s'approche du roi, qui assis devant la table à droite, étudie toujours sa carte de géographie.)

GUATTINARA.

Ainsi Votre Majesté trouve la présence de la princesse Marguerite, inutile à Madrid?

CHARLES-QUINT, *sans se retourner.*

Oui!

GUATTINARA.

Et dangereuse?

CHARLES-QUINT, *de même.*

Oui!

GUATTINARA.

Il faut donc au plus tôt l'éloigner!

CHARLES-QUINT, *de même.*

Non!

GUATTINARA, *étonné.*

Comment cela, sire!... et pourquoi?

CHARLES-QUINT, *lui montrant du doigt la carte de géographie.*

Voici, Guattinara, une carte de l'Europe que je regarde souvent. Quand j'y aperçois par malheur quelque province faisant angle ou saillie dans mes États, et dont la possession pourrait m'aligner ou m'arrondir, cette idée, absurde ou non, m'occupe et m'absorbe jusqu'au moment où, à tout prix, la province est à moi! alors, je n'y pense plus et j'en rêve une autre! Eh bien, en voyant hier cette fière princesse s'avançant ainsi dans mes domaines, une idée m'a tout à coup souri.....

GUATTINARA.

O ciel!... une nouvelle province à conquérir.

CHARLES-QUINT, *avec chaleur.*

Tu l'as dit! la partie est depuis longtemps engagée entre Marguerite et moi. Elle est arrivée ici, en invincible, pour nous enlever notre prisonnier, à la pointe de ses charmes... Quel triomphe... si, sans rien accorder... j'obtenais!... et si, laissant à Madrid sa fierté, et son frère captif, elle repartait, sans pouvoir dire comme lui: *Tout est perdu... fors...* (*Vivement.*) Voyons! est-ce que ta haine castillane ne sourit pas à ce plan. Nous avons triomphé du frère... triomphons de la sœur!... Vive Dieu! Marguerite est si belle que sa conquête vaudrait une seconde bataille de Pavie.

BABIÉÇA, *rentrant.*

Sire!...

CHARLES-QUINT.

Encore toi! Que veux-tu?

BABIÉÇA.

Habiller Votre Majesté pour la messe.

CHARLES-QUINT.

C'est vrai! je l'avais oublié!

BABIÉÇA.

Et puis demander à Votre Majesté pour moi...

CHARLES-QUINT.

Pour toi!... Par saint Jacques! que l'on m'accuse encore d'être insatiable! En voilà un, qu'avec toute ma puissance, je n'ai jamais pu satisfaire. Lorsque j'étais encore enfant, il a eu dans une partie de paume et par malheur pour moi...

BABIÉÇA.

L'avantage d'être éborgné par Votre Majesté.

CHARLES-QUINT.

L'avantage! tu dis bien! car, sous ce prétexte, il n'y a pas prétention, si exagérée qu'elle soit, qui ne lui semble toute naturelle... Il faudrait, Dieu me pardonne, en faire un ministre...

BABIÉÇA, *avec humeur.*

Il y en a qui n'y voient pas mieux que moi!

CHARLES-QUINT.

Je lui ai fait une pension. Je l'ai nommé mon courrier de cabinet. Hier encore, hier, je l'ai, à sa prière, nommé mon valet de chambre, et cela ne suffit pas... Voyons!... que te faut-il de plus? que demandes-tu en fait de places?

BABIÉÇA.

Que Votre Majesté m'en ôte une.

CHARLES-QUINT.

Par Dieu, et pour la rareté du fait... je te l'accorde!

BABIÉÇA.

Comme courrier de cabinet Votre Majesté me fait voyager de Madrid dans les Pays-Bas, de France en Allemagne, et de Naples à Cadix... C'était bon quand j'étais garçon... mais maintenant que je suis marié... sire, et le seigneur Guattinara, notre protecteur, vous le dira, marié à la plus jolie fille et à la plus coquette de tous vos États...

CHARLES-QUINT, *souriant.*

Qui sont assez étendus, grâce au ciel!

BABIÉÇA.

Ils ne le sont que trop! et on assure que vous ne songez qu'à les augmenter encore! Que deviendrais-je alors, car je ne puis cacher à Votre Majesté... que je suis jaloux... jaloux...

CHARLES-QUINT.

Comme un noble Espagnol!

BABIÉÇA.

Comme un mari qui est toujours en route, toujours absent, et qui chez lui, au retour, ne peut observer que d'un œil! Aussi, Votre Majesté, qui me croyait ambitieux, comprend bien qu'elle me rend un véritable service en m'ôtant cette maudite place, d'autant que, j'en suis sûr, elle m'en dédommagera d'une autre manière!

CHARLES-QUINT.

Nous y penserons... Prépare ma toilette. Je te suis.

BABIÉÇA, *se dirigeant vers le cabinet à gauche.*

Oui, sire.

GUATTINARA, *d'un air inquiet et à demi-voix.*

Votre Majesté compte donc lui accorder...

CHARLES-QUINT, *de même.*

Moi, le ciel m'en préserve! Un courrier de cabinet jaloux... c'est un trésor!... il est toujours pressé de revenir... et je ne trouverai jamais mieux!

BABIÉÇA, *prêt à entrer dans la chambre du roi, revient sur ses pas.*

Ah! mon Dieu!... sire!... j'oubliais... Ce n'est pas pour moi... cette fois... c'est de la part de la princesse Marguerite...

CHARLES-QUINT.

Eh! parle donc vite... c'est par là qu'il fallait commencer.

BABIÉÇA.

J'ai préféré commencer par moi. (*Présentant une lettre.*) Non pas que cette noble dame ne soit si gracieuse que dès qu'elle vous sourit, on se sent gagner le cœur... et elle sourit toujours!

GUATTINARA.

Quand je vous disais, sire, qu'elle les a tous ensorcelés, jusqu'aux valets de chambre!

BABIÉÇA.

Je lui dois tant!... L'autre jour, encore, elle m'a dit, en jetant un coup d'œil sur le capitaine des hallebardiers, mon ami intime: « Quoi! Babiéça ne voit pas qu'on fait la cour à sa femme?... »

GUATTINARA, *vivement.*

Le capitaine des hallebardiers!...

BABIÉÇA.

C'était vrai.

CHARLES, *qui vient de parcourir la lettre.*

O ciel!

GUATTINARA.

Qu'est-ce donc, sire?

CHARLES-QUINT.

Elle me demande un sauf-conduit pour repartir, c'est-à-dire, pour renverser toutes mes combinaisons!... (*Se promenant avec agitation.*) Conçoit-on qu'elle veut quitter l'Espagne, si je ne lui laisse voir son frère, si je ne m'entends pas aujourd'hui pour sa rançon et sa liberté...

GUATTINARA, *avec intention.*

J'avais raison de dire... que la princesse Marguerite troublerait... non-seulement toute la cour... mais l'Empereur lui-même...

CHARLES-QUINT, *avec hauteur.*

Qu'elle parte!... qu'elle parte... j'y consens... Fais toi-même ce sauf-conduit... mais qu'elle parte! Car les femmes, Guattinara, si ce n'étaient que fausseté, coquetterie ou trahison... passe encore!... Mais cela occupe, oui, cela occupe... et c'est un temps perdu pour les affaires! Aussi prends-y garde?... (*A Babiéça.*) Allons, viens. (*Il sort avec Babiéça par la porte à gauche.*)

SCÈNE III.

GUATTINARA, *seul, regardant sortir Charles-Quint.*

O grand et habile monarque, qui par vos espions ou vos ambassadeurs croyez connaître les secrets de tous les souverains de l'Europe, que vous êtes peu au fait de ce qui se passe chez vous, et surtout (*Montrant son cœur.*) de ce qui se passe là! Ah! vous croyez que je ne pense à aucune femme, moi qui volontiers les aimerais toutes! Ah! vous croyez qu'elles conduisent un homme d'État à sa perte!... Moi qui espère bien leur devoir mon élévation!... A vous, d'abord, gentille Sanchette, ma première passion, que j'ai mariée au seigneur Babiéça et placée auprès de la future reine d'Espagne; à vous aussi, vous que je n'ose plus nommer, fleur inconnue, qui végétiez dans l'ombre, à la cour de Lisbonne, négligée de tous, excepté de moi... noble princesse... aussi nulle que belle, aussi niaise qu'imprudente;... car déjà, les serments, les lettres mêmes avaient été échangées entre nous... et c'est alors, ô puissant Empereur, que, non content de toutes vos conquêtes, vous êtes venu m'enlever la mienne, quand un trône l'attendait, et vous prétendez que j'y dois renoncer à jamais et sans indemnités préalables?... Non, non, quoi que vous en disiez, c'est par les femmes, c'est par la vôtre que je parviendrai, que j'arriverai à votre insu, à une fortune dont vous serez le complice, et dont elle sera la cause... (*La porte du fond s'ouvre.*) C'est elle... et la princesse Marguerite l'accompagne... Qu'ont-elles donc à se dire?

SCÈNE IV.

GUATTINARA, ISABELLE, MARGUERITE, UN PAGE.

(*Isabelle entre suivie de ses femmes et causant avec Marguerite.*)

MARGUERITE, *à Isabelle.*

Oui, Madame, Votre Majesté doit se rendre à nos avis, et ne pas hésiter davantage... Ah! c'est terrible, c'est hardi... ce sera toute une révolution, qu'importe!

GUATTINARA.

Ah mon Dieu!...

MARGUERITE.

C'est à vous seule qu'il appartient de frapper un pareil coup d'État...

GUATTINARA.

De quoi s'agit-il donc?

MARGUERITE.

Des collerettes montantes, des fraises à gros tuyaux. Je dis, et chacun partagera mon opinion, que lorsqu'on a des épaules aussi belles, aussi éblouissantes que celles de la reine, on doit proscrire à jamais une mode absurde, ressource de la médiocrité, et qui a été inventée, j'en suis sûre, par quelque princesse ou impératrice bossue... qui désirait, avec raison, garder l'incognito; mais nous! Madame, nous!!! pourquoi ne pas paraître?... ayons ce courage... l'opinion publique sera pour nous et les hommes aussi!

GUATTINARA.

Vous croyez?

MARGUERITE.

A commencer par vous, seigneur Guattinara, et par l'Empereur lui-même... qui, j'ai cru le remarquer, n'aime pas la dissimulation, dans ce genre du moins!

ISABELLE, *apercevant le livre d'heures que Marguerite tient à la main.*

Ah! le joli missel... (*Le prenant et le regardant.*) aux armes de France! (*L'ouvrant et le regardant.*) et de si belles figures...

MARGUERITE.

Peintes par moi! J'ai idée que la princesse Éléonore, qui prie toute la journée, aurait grande envie de mon livre d'heures.... mais s'il pouvait plaire à Votre Majesté...

ISABELLE, *vivement.*

Merci, princesse, merci! je veux le montrer à l'Empereur.

GUATTINARA, *s'avançant.*

Qui vient de me charger d'un important message pour son auguste fiancée... pour elle seule...

(*Toutes les dames se retirent au fond à quelques pas de distance. Marguerite va s'asseoir près de la table à droite, et Guattinara descend avec Isabelle au bout du théâtre à gauche.*

GUATTINARA, *à demi-voix.*

L'Empereur attend Votre Altesse à la messe... il faut y aller.

ISABELLE, *avec humeur.*

Encore!... (*Après un instant de silence.*) Guattinara... je m'ennuie!

GUATTINARA.

C'est la seule occupation d'une reine d'Espagne.

ISABELLE.

Il n'y a que la princesse Marguerite qui m'amuse....

GUATTINARA.

O ciel! vous l'aimez!

ISABELLE.

Non... mais elle m'amuse! et puis elle me fait toujours de si jolis cadeaux! regardez, que ce missel est beau!... que ses ornements sont élégants!

GUATTINARA.

Défiez-vous d'elle!

ISABELLE.

C'est singulier, elle m'a dit la même chose de vous.

GUATTINARA, *à part.*

Ah! c'est bon à savoir! (*A demi-voix.*) En revenant de la chapelle avec l'Empereur, Votre Altesse pourrait le remercier de ma nomination de ministre, qui a produit le meilleur effet. Votre Altesse pourrait ajouter qu'elle a reçu des lettres du roi Emmanuel son oncle....

ISABELLE, *naïvement.*

Ce n'est pas vrai!

GUATTINARA.

C'est égal... et qu'il lui serait agréable... ainsi qu'à vous-même... que le roi d'Espagne m'accordât son ordre de la Toison-d'Or, complément de ma dignité! (*Vivement et à voix basse, voyant Marguerite qui se lève.*) Mais la princesse Marguerite nous regarde et nous écoute peut-être!

ISABELLE.

Elle n'en a pas l'air!

GUATTINARA.

Raison de plus... (*Affectant de parler à haute voix.*) Oui, Madame, Sa Majesté se flatte de voir Votre Altesse ce matin à la chapelle du palais, et demain, ce sont ses propres paroles, à la réception qui aura lieu dans vos petits appartements.

ISABELLE, *avec terreur.*

Ah! par sainte Isabelle, ma patronne, que vais-je devenir?

MARGUERITE, *s'approchant vivement.*

Qu'est-ce donc, Madame, qui cause le trouble où je vous vois?

ISABELLE.

Comment, vous n'entendez pas? l'Empereur qui nous demande pour demain une soirée intime?... quel divertissement lui donner....

MARGUERITE.

Le fait est qu'en sa qualité de roi... il est plus difficile qu'un autre à amuser... mais en y mettant de l'amour-propre, il est impossible que nous n'en venions pas à notre honneur; nous lui ferons de la musique... et si vous le voulez même, je vous donnerai lecture d'un conte que je viens de terminer... et dont le titre piquera peut-être la curiosité de Sa Majesté et de nos jeunes seigneurs.

ISABELLE.

Vous l'appelez...?

MARGUERITE.

Ce qui plaît aux dames.

ISABELLE.

Me voilà sauvée!... Ah! que vous êtes bonne, (*Étourdiment.*) quoi qu'on en dise...

MARGUERITE, *regardant Guattinara qui fait un geste pour empêcher Isabelle de parler.*

Quoi qu'on en dise!... voilà, seigneur Guattinara, une déclaration de guerre... qui doit venir de vous!

GUATTINARA.

Votre Altesse me juge mal; elle n'a pas, auprès de l'Empereur, de serviteur plus dévoué à ses intérêts.

MARGUERITE, *d'un air railleur.*

En vérité...

GUATTINARA.

Je puis vous le prouver!

MARGUERITE, *de même.*

Eh! mais, vous êtes assez habile pour cela!

GUATTINARA.

Votre Altesse avait fait remettre ce matin par Babiéca une demande, que Sa Majesté paraissait peu disposée à accorder... et c'est moi qui, par mes instances... ai déterminé l'Empereur à consentir à votre départ.

MARGUERITE, *à part.*

O ciel!

GUATTINARA.

Il m'a chargé de vous annoncer que vous pouviez dès aujourd'hui quitter Madrid... aussi je vais faire préparer le sauf-conduit dont vous avez besoin, et j'aurai l'honneur de le remettre moi-même à Votre Altesse! (*Il salue Marguerite et sort par la porte à gauche, tandis qu'Isabelle et ses femmes sortent par le fond.*)

SCÈNE V.

MARGUERITE, *seule.*

Quitter Madrid!... il me le permet! et c'est moi qui, en brusquant la partie, l'ai perdue peut-être... Hier soir, cependant, quand je me suis retirée sans répondre à l'Empereur et sans le regarder... il m'avait semblé voir dans ses yeux un dépit... une colère... qui me donnait bonne espérance. (*Avec un soupir.*) Allons, tout le monde se trompe, même les femmes... et je me serai trompée! (*Avec douleur.*) Mon frère! mon frère bien-aimé!... moi qui, en quittant notre pays, avais juré de te délivrer, de te ramener avec moi, je pars!... sans te voir, sans t'embrasser, sans t'avoir parlé de la France... Ah! ce n'est ni l'audace ni le courage qui m'ont manqué; que de fois, le sourire sur les lèvres et le désespoir dans le cœur, j'ai pensé à toi pour avoir la force d'être coquette et de plaire! Mais que puis-je à présent? seule et sans amis, dans cette cour où tout m'abandonne... (*Apercevant Henri d'Albret qui entre, et poussant un cri de joie.*) Ah! Henri d'Albret!

SCÈNE VI.

MARGUERITE, HENRI D'ALBRET.

HENRI, *s'inclinant devant elle.*

Madame... madame!... je vous revois enfin!

MARGUERITE.

Vous dans ce palais!... vous, Henri, que je croyais toujours blessé et prisonnier.

HENRI.

Je suis guéri... je suis libre, et j'accours à Madrid pour solliciter...

MARGUERITE.

Quoi donc?...

HENRI.

La faveur d'être remis en prison avec le roi.

MARGUERITE.

Est-il possible!

HENRI.

Ce n'est pas aisé, je le sais, mais avec des protections!!!... et j'en ai! vous d'abord, madame Marguerite! Gentilhomme de votre maison, je suis à vous, à Votre Altesse Royale... je vous appartiens plus qu'au roi votre frère; et quand j'ai su que vous étiez à Madrid... je me suis dit: J'irai! la princesse fera bien quelque chose pour un fidèle serviteur.

MARGUERIE.

Eh! mon pauvre d'Albret, je ne puis rien pour moi-même... je n'ai pu encore parvenir jusqu'au roi, et si vous avez des protections, dites-le-moi vite... je ne suis pas fière, j'en userai!

HENRI.

Vous, grand Dieu!

MARGUERITE

Dans la position où nous sommes... tout peut servir... il ne faut rien négliger... Voyons, parlez!

HENRI.

Vous savez, Madame, ce jour où, à Fontainebleau, j'écrivais sous votre dictée ce conte si intéressant et si vrai, où un pauvre gentilhomme voudrait, au prix de son sang, mériter seulement un regard d'une grande dame...

MARGUERITE.

Je ne me rappelle pas.

HENRI.

A telles enseignes que ce conte n'était pas fini... et pour en connaître le dénouement... je vous dis: « A demain, n'est-ce pas, Madame? » Mais Votre Altesse m'arrêta d'un regard triste et sévère en me répondant: « Non, pas demain, Henri, car demain « tous les gentilshommes partent pour la guerre avec le roi de « France. » Alors le soir j'écrivis à ma mère, au Béarn, pour qu'elle m'envoyât sa bénédiction, et le lendemain je vins, avant de partir, demander les ordres de Votre Altesse...

MARGUERITE.

C'est vrai!

HENRI.

Et Votre Altesse me dit: « Veillez sur le roi, mon frère, et ne le quittez pas. » Je me suis battu à Pavie à ses côtés; j'ai été blessé auprès de lui, et fait prisonnier avec lui... Vous l'a-t-il écrit, Madame?

MARGUERITE.

Ah! tant de malheurs, tant de souffrances l'ont accablé depuis ce jour fatal...

HENRI.

Qu'il m'a oublié! (*Avec douleur.*) Je ne lui demandais qu'une chose! qu'il vous apprît que vos ordres avaient été exécutés... Ah! les princes sont tous des ingrats!

MARGUERITE, *le regardant en souriant.*

Et les princesses?...

HENRI.

Ah!... j'en connais de si fières et de si terribles, qu'elles n'accorderaient pas à ceux-là même qui les servent le mieux un regard d'affection ou de pitié!

MARGUERITE, *lui tendant la main.*

Je ne suis pas de celles-là, Henri!

HENRI, *s'inclinant et lui baisant la main.*

Ah! que j'étais injuste! Disposez de moi, Madame; parlez! commandez!

MARGUERITE, *souriant.*

Eh! mais, je ne vous demande que d'achever votre histoire, que vous avez prise peut-être d'un peu haut!

HENRI.

Non, Madame, c'était nécessaire.

MARGUERITE.

C'est juste; nous autres conteurs ou historiens, avons nos priviléges...

HENRI.

Quand le roi fut transporté en Espagne, je voulus le suivre, toujours pour vous obéir; mes blessures ne le voulurent pas! et on me laissa seul dans une forteresse;... c'est-à-dire seul,... aux soins du geôlier et de sa nièce... qui était ma garde-malade, et grâce à sa protection...

MARGUERITE.

Ah!... c'est là la protectrice dont vous me parliez... une jeune fille...

HENRI.

Non, Madame, une jeune femme.

MARGUERITE.

Qui vous aimait?...

HENRI, *vivement.*

Oh! non, Madame... (*Tristement.*) Moi!... personne ne m'aime!

MARGUERITE.

Vous mentez, car vous rougissez! ainsi, c'est convenu, elle vous aimait,... et vous aussi, sans doute?

HENRI, *avec chaleur.*

Oh! pour cela... je jure à Votre Altesse que cela n'était pas, et que c'était bien impossible.

MARGUERITE.

Et... pourquoi?

HENRI, *avec embarras.*

Pourquoi?... pour des raisons...

MARGUERITE.

Que vous ne pouvez pas dire?...

HENRI.

Si, Madame!... La plus forte de toutes, c'est que j'en aime une autre!

MARGUERITE.

Bah! vous autres hommes, cela n'empêche pas.

HENRI.

Ah! quel blasphème!... Et si vous saviez,... si vous connaissiez celle que j'aime!...

MARGUERITE, *vivement.*

Je ne veux pas la connaître,... mais je désire savoir le dénouement de votre histoire, qui n'en finit pas!

HENRI.

M'y voici, Madame, m'y voici... La nièce du geôlier, qui était venue passer quelque temps avec son oncle, la petite Sanchette, était mariée au courrier du roi, le seigneur Babiéca.

MARGUERITE, *étonnée.*

Vraiment!

HENRI.

Et en repartant pour Madrid, elle me dit tout bas: « Comptez sur moi; avant un mois, vous serez libre. » Ce qui est en effet arrivé;... mais j'ignore comment...

MARGUERITE.

Je le sais, moi! Parce que Sanchette et son mari sont des puissances à la cour. Tous deux protégés par l'Empereur, protégés par Guattinara, le nouveau ministre!... et vous pouvez en effet par eux...

HENRI, *avec embarras.*

C'est que j'aimerais mieux ne pas... m'adresser à Sanchette...

MARGUERITE.

Pourquoi?

HENRI, *de même.*

Je ne saurais le dire.... (*Vivement.*) Et puis, j'ai une autre protectrice!

MARGUERITE.

Encore une!...

HENRI.

Au moment où j'allais me prendre de querelle avec un capitaine des hallebardiers, qui refusait de me laisser passer, paraît une jeune dame devant qui je m'incline et qui, en entendant mon nom, s'écrie: « Monsieur le comte Henri d'Albret, ce fidèle serviteur de François Ier! — Ah! vous êtes Française, lui dis-je? — Non, Espagnole;... mais, espérez en Dieu et en vos amis, je vous obtiendrai une audience de l'Empereur, ce matin, après la messe.»

MARGUERITE.

Eh! qui donc aurait un tel crédit?

HENRI.

Je l'ignore! Une jeune fille, vêtue de blanc, l'air doux et triste! Je crois même qu'elle venait de pleurer, car elle avait encore les yeux rouges... et tenez, la voici!

SCÈNE VII.

LES PRÉCÉDENTS, ÉLÉONORE (*précédée de deux pages qu'elle renvoie du geste après son entrée, sortant de la porte à droite*).

MARGUERITE, *bas, à Henri.*

La sœur de Charles-Quint!... la princesse Éléonore d'Autriche!

ÉLÉONORE, *s'avançant vivement vers Henri.*

Monsieur d'Albret!... Entrez vite, entrez dans cette galerie où il n'y a personne! L'Empereur, qui sort de la messe, va y passer pour se rendre au conseil! Je n'ose vous répondre qu'il vous accordera votre demande... mais, du moins, vous le verrez!... C'est tout ce que je puis.

HENRI.

Ah! Madame, quelle reconnaissance!...

ÉLÉONORE.

Allez! allez! ne perdez pas de temps!

(*Henri sort par la porte à droite.*)

SCÈNE VIII.

MARGUERITE, ÉLÉONORE.

MARGUERITE.

Merci, Éléonore, merci! C'est à moi que vous rendez service, en protégeant un gentilhomme de notre maison.

ÉLÉONORE.

Si loyal! si brave!

MARGUERITE.

Vous le jugez bien!

ÉLÉONORE.

Et pourtant si modeste! si respectueux! A peine osait-il lever sur moi ses regards!

MARGUERITE.

Ne vous y fiez pas!... Il n'y a rien de terrible comme les gens qui y voient... les yeux baissés! et M. d'Albret a fort bien remarqué que Votre Altesse venait de pleurer.

ÉLÉONORE, *troublée.*

Moi!

MARGUERITE, *vivement.*

S'il s'agissait d'un bonheur!... je serais discrète: mais d'une peine!... pourquoi ne pas me permettre de la partager? pourquoi, depuis mon arrivée à Madrid, la seule personne que j'aimerais... à aimer, semble-t-elle m'éviter et me craindre?... Je l'ai vu!

ÉLÉONORE.

C'est vrai, princesse, je ne sais pas mentir! On vous dit si spirituelle... et d'un mérite si supérieur... que cela effraie!

MARGUERITE.

De loin!... comme ces châteaux redoutés à la ronde, où l'on prétend qu'il revient des esprits! On approche!... et que trouve-t-on?... rien! Il en est ainsi de moi, n'est-ce pas?

ÉLÉONORE.

Oh! non. Ce que vous dites là le prouve. Et puis... je suis Espagnole et dévote! Mon confesseur me répétait que vous étiez mauvaise catholique.

MARGUERITE.

Il ne s'y connaît pas!

ÉLÉONORE.

Qu'en France, et près du roi, votre frère, vous défendiez toujours les protestants.

MARGUERITE.

Quand on les opprimait. Je suis toujours du parti de ceux... qui pleurent. (*Avec chaleur et amitié.*) Voyons! confiez-moi vos chagrins, je vous dirai les miens, car j'en ai beaucoup!

ÉLÉONORE.

Pas plus que moi! J'avais dix ans à peine quand l'empereur Charles-Quint, mon frère, me maria...

MARGUERITE.

A dix ans?...

ÉLÉONORE.

Pour parfaire un traité de commerce, à un vieux prince valétudinaire, que je n'ai jamais vu!... Eh bien! aujourd'hui, c'est plus terrible encore! Pour acquitter ses dettes envers le connétable de Bourbon, qui lui a fait gagner la bataille de Pavie... il lui a promis ma main.

MARGUERITE.

Un traître à la France, sa patrie!

ÉLÉONORE.

A François Ier, son souverain.

MARGUERITE.

Et vous obéiriez?...

ÉLÉONORE.

Jamais! jamais ma main ne sera le prix d'une trahison. — Vous l'épouserez, a dit mon frère, ou vous entrerez au couvent! — Et moi j'ai répondu: J'entrerai au couvent.

MARGUERITE.

O noble et généreuse fille!

ÉLÉONORE.

Et comme je fondais en larmes, il m'a dit: Finissons, je suis pressé. Je vous donne jusqu'à demain pour réfléchir encore et vous décider. Et il m'a quittée dans une colère épouvantable, pour aller à la messe!... Comme cela doit lui profiter! Mais il n'avait pas besoin d'attendre... ce sera demain comme aujourd'hui.

MARGUERITE.

Vous entrerez au couvent?

ÉLÉONORE.

Avec joie; car ce ne sera pas pour longtemps, je l'espère... et Dieu m'appellera bien vite à lui.

MARGUERITE.

Un si profond découragement... au printemps de la vie... au moment où tout est joie et espérance... Éléonore, on peut tout me dire, à moi. Je suis Française, et pourtant, croyez-le bien, aussi bonne catholique que vous. (*La regardant attentivement, et après un instant de silence.*) Êtes-vous bien sûre, quand vous serez au couvent, de n'y penser qu'à Dieu?...

ÉLÉONORE.

Moi!...

MARGUERITE.

Cherchez bien!... N'y aurait-il pas, au fond de votre haine pour le connétable... quelques sentiments plus tendres... pour un autre?...

ÉLÉONORE, *vivement.*

Oh! non...

MARGUERITE.

Prenez garde... si vous le niez avec tant de vivacité... je vais croire que j'ai rencontré juste.

ÉLÉONORE.

Quoi! vous pourriez supposer...?

MARGUERITE, *avec un soupir.*

Je suppose toujours, avec les jeunes veuves comme moi... et cela pour cause.

ÉLÉONORE, *étourdiment.*

Quoi! vous aimeriez aussi?...

MARGUERITE, *souriant.*

Aussi!...

ÉLÉONORE, *confuse, et à part.*

O ciel!

MARGUERITE, *vivement.*

Ne vous effrayez pas, je n'en dirai rien... Nous sommes deux alliées naturelles, deux opprimées qui devons faire cause commune... Voyons... (*Avec un sourire d'interrogation.*) Il est beau?... (*Éléonore fait signe que oui.*) Brave? (*Même geste.*) Digne de vous par le rang?

ÉLÉONORE.

Oh! oui.

MARGUERITE, *vivement.*

Vous n'irez pas au couvent... vous l'épouserez.

ÉLÉONORE, *effrayée.*

Taisez-vous, taisez-vous!... Que ces murs ne vous entendent pas!... des obstacles éternels, infranchissables... sur lesquels il ne faut pas même arrêter sa pensée...

MARGUERITE.

C'est pour cela qu'on y pense... Je ne suis pas bien sûre qu'il n'y ait pas aussi, de par le monde, quelque jeune chevalier que tout sépare de Marguerite... Mais qui oserait dire ici-bas qu'une chose est impossible... avec la foi, l'espérance... et un peu de charité pour ceux... que nous aimons!...

ÉLÉONORE.

Et moi, qui croyais que vous n'aimiez au monde que votre frère!

MARGUERITE, *gaîment.*

Il y a temps pour tout!... (*Sérieusement.*) mais vous dites vrai: Lui d'abord! sa liberté et sa gloire... avant mon bonheur et ma vie!... et je tremble en ce moment d'être obligée de quitter Madrid.

ÉLÉONORE.

Que me dites-vous là!... ce n'est pas possible... il faut y rester à tout prix... Vous ne savez donc pas que depuis deux mois... le roi de France, séparé de tous ses serviteurs, est renfermé dans une tourelle étroite et obscure... attenante au palais..., une cellule d'ancien couvent... ou plutôt un cachot!

MARGUERITE.

Qui vous l'a dit?...

ÉLÉONORE, *avec chaleur.*

Que vous importe?... je le sais!... en proie à toutes les tortures, livré au désespoir,... ne croyant plus jamais revoir ni la France, ni sa sœur qu'il appelle...

MARGUERITE.

Qui vous l'a dit?

ÉLÉONORE.

Une fièvre ardente le dévore en ce moment ; ses jours sont en danger, et ni l'Empereur, ni le conseil de Castille n'en sont instruits; ses geôliers seuls connaissent la vérité et la cachent à tous les yeux!

MARGUERITE.

Et d'où le savez-vous?

ÉLÉONORE.

Qu'importe? si j'en suis certaine... si je viens, sous le sceau du secret, et sur le salut de mon âme... vous dire à vous, Marguerite, ne parlez pas de moi, ne me trahissez pas... mais sauvez votre frère qui se meurt?... Me croyez-vous maintenant?

MARGUERITE, *l'embrassant.*

Merci, merci, ma sœur...

ÉLÉONORE, *troublée.*

Ma sœur!... Ah! un tel nom...

MARGUERITE.

Si j'en connaissais un plus doux... je vous le donnerais, à vous qui semblez partager ma peine!... mais il n'y a pas de temps à perdre... il faut que je voie l'Empereur.

ÉLÉONORE.

Le moment est mal choisi... vous n'obtiendrez rien de lui, car il était, hier soir, furieux contre vous!

MARGUERITE.

Vous en êtes sûre...

ÉLÉONORE, *avec impatience.*

Eh oui!... (*D'un ton de reproche.*) Aussi!... quand il semblait désirer si vivement cette aumônière brodée par vos mains... quelle maladresse de ne pas la lui offrir!...

MARGUERITE, *avec doute.*

Vous croyez?...

ÉLÉONORE.

Il en a été tellement blessé... qu'après votre départ... il a gardé le silence et s'est mordu les lèvres en souriant, ce qui est chez lui un signe de grande colère.

MARGUERITE, *avec joie.*

En vérité?...

ÉLÉONORE.

Et lorsque les envoyés des Pays-Bas sont venus lui annoncer la révolte de la ville de Gand...il ne les a seulement pas écoutés... et s'est contenté de murmurer votre nom entre ses dents... en s'écriant : Qu'elle n'espère jamais rien de moi!

MARGUERITE, *souriant avec espoir.*

Ah!... je crois que je peux demander... le moment est excellent... conduisez-moi vers lui?

ÉLÉONORE.

A l'heure qu'il est, c'est impossible... le roi est entré depuis longtemps dans la salle du conseil...

MARGUERITE.

Raison de plus! c'est au conseil que je veux lui parler.

ÉLÉONORE.

Vous!

MARGUERITE.

Comme envoyée de ma mère Louise de Savoie, régente de France!...

ÉLÉONORE.

Nul n'y peut pénétrer, et surtout une femme!...

MARGUERITE, *avec effroi.*

Que me dites-vous là?

SCÈNE IX.

LES PRÉCÉDENTES, BABIÉÇA, *sortant de la porte à gauche, tenant sous le bras un portefeuille, et à la main un mouchoir, des gants et une aumônière.*

BABIÉÇA, *s'approchant vivement de Marguerite.*

Madame, Madame, vous qui êtes mon bon ange, ne pourrais-je obtenir de vous un moment d'audience?...

MARGUERITE, *avec dépit.*

Me demander une audience, à moi qui n'en puis obtenir!... (*A Babiéça.*) Tout à l'heure, Babiéça, je suis à vous. (*A Eléonore.*) Quoi, si le conseil se prolonge jusqu'à ce soir, personne ne pourra entrer dans la salle des séances?

ÉLÉONORE.

Que les grands d'Espagne.

BABIÉÇA, *s'avançant.*

Et moi...

MARGUERITE, *le regardant d'un air gracieux.*

Ah!... ce cher Babiéça!

BABIÉÇA, *lui montrant les objets qu'il tient.*

Pour porter à l'Empereur son portefeuille, ses gants, son mouchoir et son aumônière!

MARGUERITE, *se mettant vivement à la table et écrivant.*

Je suis à toi. (*Ecrivant.*) Sire, en vous avouant hier soir que je brodais cette aumônière pour le plus loyal des chevaliers, c'était vous dire qu'elle était destinée à Votre Majesté!... Or un loyal chevalier ne refuse rien aux dames... (*Se retournant vers Babiéça d'un air aimable.*) Eh bien, parle... je t'écoute.

BABIÉÇA, *se penchant vers Marguerite qui écrit, et lui parlant à demi-voix.*

Tout à l'heure en rentrant chez moi, j'ai regardé, comme tout le monde... par le trou de la serrure...

MARGUERITE, *écrivant toujours.*

Très-mauvaise habitude... qui doit porter malheur.

BABIÉÇA.

C'est ce qui est arrivé... car le verrou était mis et Fanchette écrivait.

MARGUERITE, *vivement.*

Je sais à qui!

BABIÉÇA, *de même.*

En vérité?

MARGUERITE, *se levant.*

Je vous le dirai plus tard... L'Empereur attend! Mais vous lui portez là une aumônière.

BABIÉÇA.

A laquelle il tient... car elle sort depuis longtemps!...

MARGUERITE.

Et n'est pas digne d'un puissant monarque tel que lui!... Vous lui remettrez en échange celle-ci, (*Prenant celle qu'elle a à son côté.*) et lui direz... (*Mettant dans l'aumônière la lettre qu'elle vient d'écrire.*) que c'est un cadeau d'une dame...

BABIÉÇA.

J'ajouterai : d'une noble et jolie dame.

MARGUERITE.

Si vous voulez. Partez vite!

BABIÉÇA.

Oui, Madame, mais Votre Altesse me dira...

MARGUERITE, *le suivant des yeux.*

Sans doute. (*Babiéça sort.*) Que le ciel le conduise, et surtout hâte son retour.

ÉLÉONORE.

On vient! c'est Guattinara!

SCÈNE X.

LES PRÉCÉDENTES, GUATTINARA.

GUATTINARA.

J'apporte à Votre Altesse Royale le sauf-conduit que je lui ai promis.

ÉLÉONORE.

O ciel!

GUATTINARA.

J'y ai fait tant de diligence, que rien, je l'espère, ne s'opposera à son départ.

MARGUERITE, *regardant du côté de la porte à droite.*

Peut-être!...

GUATTINARA, *étonné.*

Et quoi donc?

SCÈNE XI.

LES PRÉCÉDENTS; BABIÉÇA, *rentrant par la porte à droite.*

BABIÉÇA.

L'Empereur attend madame la princesse Marguerite.

GUATTINARA, *stupéfait.*

L'Empereur... et où donc?

ÉLÉONORE.

En l'audience de Castille.

GUATTINARA.

Et pourquoi?

MARGUERITE.

Pour plaider en plein conseil, et contre vous, Guattinara, la cause de mon frère. (*Elle s'élance avec Babiéça par la porte à droite. Eléonore sort par le fond, et Guattinara reste debout immobile, et frappé d'étonnement. — La toile tombe.*)

ACTE DEUXIÈME.

(Le théâtre représente l'intérieur d'une cour circulaire; à gauche sur le second plan un balcon en pan coupé. A côté du balcon, dans le mur, une niche où est une madone. Au premier plan, la porte de la chambre du roi. A droite, sur le second plan et faisant face au balcon, un pan coupé sur lequel est un portrait en pied de saint Pacôme. Au premier plan, faisant face à la chambre du roi, la porte des gardiens de la tour. A droite du spectateur, une table sur laquelle est une corbeille de fleurs et ce qu'il faut pour écrire.)

SCÈNE PREMIÈRE.

GUATTINARA.

Marguerite, ma mortelle ennemie, réconciliée avec l'Empereur! Marguerite, que je viens de conduire auprès de son frère! Ah! si élevé qu'on soit, il faut toujours prévoir et craindre les caprices du maître!

SCÈNE II.

GUATTINARA, CHARLES-QUINT.

(*Pendant ces derniers mots le tableau en pied de saint Pacôme, qui est placé sur le pan coupé à droite, a glissé dans la boiserie. Charles-Quint est entré lentement et s'est arrêté derrière Guattinara, qu'il écoute.*)

GUATTINARA.

Ah! pourquoi a-t-on un maître?

CHARLES-QUINT, *lui mettant la main sur l'épaule.*

Parce que tout le monde en a, Guattinara, même les rois, qui ne font pas toujours leurs volontés.

GUATTINARA, *se retournant effrayé.*

Vous, sire!... et d'où Votre Majesté vient-elle ainsi?

CHARLES-QUINT.

De mon oratoire!...

GUATTINARA.

Et quand donc le roi a-t-il fait pratiquer cette porte secrète?...

CHARLES-QUINT.

Ce n'est pas moi!... c'est le beau, l'élégant Philippe d'Autriche, qui s'enfermait tous les jours là, dans son oratoire!

GUATTINARA.

Lui!... si peu dévot!

CHARLES-QUINT.

Pour se soustraire à la jalousie, ou plutôt à l'amour de ma pauvre mère, Jeanne de Castille, qui voulait toujours le retenir au palais; et par cette tour et cet escalier...

GUATTINARA.

Je comprends!

CHARLES-QUINT, *mettant le doigt sur les lèvres.*

Secret de famille!

GUATTINARA.

Qui vous a fait accepter ce lieu pour prison?

CHARLES-QUINT.

Quand tu me l'as proposé.

GUATTINARA.

Je crois même que c'est Votre Majesté qui m'en a fait venir l'idée!

CHARLES-QUINT.

C'est possible!

GUATTINARA.

Et comment, sire, malgré la résolution que vous aviez prise, avez-vous permis à la princesse Marguerite de pénétrer dans cette tour? car je ne l'y ai amenée que par votre ordre, et voilà près de deux heures qu'elle y est.

CHARLES-QUINT.

C'est ta faute!

GUATTINARA.

Ma faute!

CHARLES-QUINT.

Ou l'indiscrétion de quelques gardiens...

GUATTINARA.

Ils sont plus prisonniers que leur captif, et ne sortent pas d'ici; c'est moi, seul, qui communique avec eux.

CHARLES-QUINT.

Eh bien, alors, c'est toi qui as rendu compte à Marguerite des traitements qu'éprouvait son frère...

GUATTINARA.

Ah! sire...

CHARLES-QUINT.

Traitements que j'ignorais moi-même, et contre lesquels j'ai dû m'élever!... il était de mon devoir, de mon honneur, d'accueillir des plaintes dont elle eût fait retentir toutes les cours de l'Europe, et qu'il valait mieux écouter... entre nous... dans le conseil.

GUATTINARA.

Elle y a donc parlé?

CHARLES-QUINT.

Avec une habileté, une chaleur, une éloquence à laquelle tu ne te serais jamais attendu... ni moi non plus!... Par saint Jacques, elle a plaidé la liberté de son frère et la paix avec la France, de manière à nous prouver que c'était l'avantage de l'Espagne!... Si tu avais vu avec quel art, quelle flatterie, quelle adresse, elle parait tous mes arguments, évitant de me blesser et ne cherchant qu'à me désarmer!... à chaque instant, je me sentais perdre du terrain!... et moi encore! ce n'était rien... je me défendais; mais tous mes vieux conseillers, sous la puissance de sa parole et le feu de son regard, ne faisaient plus attention à mes signes de tête ni à mes gestes de mécontentement; ils ne voyaient qu'elle; et quand elle s'est écriée: Mon frère est en danger, et s'il succombe ici... dans le palais de vos rois, la postérité accusera donc Charles-Quint, ce monarque si généreux et si magnanime, de s'être défait par le fer ou par le poison d'un ennemi redoutable; elle dira donc que François Ier, même captif, a fait peur à l'Espagne, et vous savez tous, messeigneurs, a-t-elle continué en étendant la main vers eux, que l'Espagne ne craint personne... vous le prouverez. — Oui, oui, se sont-ils tous écriés en se levant; et j'ai vu le moment où ils allaient, par fierté espagnole, voter la liberté du roi de France... sans rançon!... Je me suis empressé, en partageant cet élan généreux, de remettre une délibération importante à la prochaine séance du conseil, que j'aurai soin de ne plus rassembler.

GUATTINARA.

A la bonne heure!

CHARLES-QUINT.

Mais le moyen après cela de refuser à Marguerite la permission de voir son frère... quand tout le conseil le demande et que soi-même on y est naturellement porté!... Cependant la générosité a des bornes, surtout la générosité politique, et je n'entends pas que cet entretien se prolonge... d'autant que je crois peu au danger du roi.

GUATTINARA.

Ce danger est réel.

CHARLES-QUINT.

C'est une ruse dont tu es la dupe!

GUATTINARA.

Votre Majesté se trompe!... Quand la princesse Marguerite est arrivée ici, avec moi, elle s'est élancée dans la chambre de son frère... il était pâle et sans connaissance, ne répondant ni à ses cris ni à ses larmes, ni à ses caresses; alors elle est entrée dans un désespoir qui aurait touché son plus cruel ennemi...

CHARLES-QUINT.

C'était donc vrai?...

GUATTINARA.

Le gouverneur de la tour vous dira que le roi est au plus mal.

CHARLES-QUINT.

Qu'a-t-il donc?

GUATTINARA.

On n'en sait rien.

CHARLES-QUINT.

Il fallait avertir mon médecin.

GUATTINARA.

Il n'a pas voulu le voir...

CHARLES-QUINT.

Lui prodiguer des soins...

GUATTINARA.

Il les a repoussés...

CHARLES-QUINT.

Il fallait le forcer à vivre.

GUATTINARA.

De par le roi?

CHARLES-QUINT.

Eh oui!

GUATTINARA.

Et s'il veut mourir?

CHARLES-QUINT, *se frappant le front.*

Il en est capable!... pour m'enlever mon prisonnier... me priver de sa rançon... C'est un plan diabolique... conçu et combiné dans le but de renverser tous mes projets et de ne m'en laisser que la honte!

GUATTINARA.

Vous croyez?...

CHARLES-QUINT.

J'en suis sûr... Ces hommes de guerre ne savent rien... que

mourir!... Le beau mérite!... S'il en est ainsi, qui peut déjouer ce complot?...

GUATTINARA.

Une seule personne, et, par malheur encore, c'est Marguerite.

CHARLES-QUINT.

Qu'elle reste donc!... qu'elle reste près de lui... jusqu'à ce qu'elle m'ait rendu ce service!

GUATTINARA.

D'après sa demande, j'ai écrit au prieur des dominicains de m'envoyer un moine de son ordre.

CHARLES-QUINT.

Deux s'il le faut! n'épargne rien...

GUATTINARA.

Et discrètement je me suis retiré.

CHARLES-QUINT.

Tu as bien fait... J'ai permis aussi au comte Henri d'Albret, non pas, comme il m'en suppliait, de partager la captivité de son maître, mais de passer aujourd'hui quelques heures à ses côtés!... On monte l'escalier... il est inutile qu'on me voie! Si le danger augmente, qu'on m'avertisse... ou plutôt... je reviendrai tantôt, savoir par moi-même... Adieu! adieu!

(*Il sort par le tableau de saint Pacôme, qui se referme sur lui.*)

GUATTINARA, *seul, et regardant le tableau qui se referme.*

O bienheureux saint Pacôme!... et moi aussi, je pourrai bien t'invoquer!...

SCÈNE III.

HENRI, GUATTINARA.

HENRI, *entrant par la porte du fond.*

Merci, camarade, merci!... j'y vois maintenant!... Cet escalier en colimaçon est obscur comme l'antichambre de l'enfer.

GUATTINARA.

Que voulez-vous, Monsieur? Qui êtes-vous?

HENRI.

Le comte Henri d'Albret, sujet et officier du roi de France, retenu captif en cette tour, laquelle on prendrait difficilement pour une résidence royale... Du reste, j'ai un permis de l'Empereur (*Il le lui présente.*) pour être admis près de mon souverain.

GUATTINARA, *le regardant.*

Pendant quelques heures seulement.

HENRI.

Mais j'espère que bientôt on me permettra de lui rendre chaque jour les devoirs d'un bon serviteur, ceux que j'avais l'honneur de remplir auprès de lui au Louvre et à Fontainebleau.

GUATTINARA.

Quand il était roi!

HENRI.

Il l'est toujours, Monsieur! et plus encore, il est malheureux... Je vous prie de me faire conduire vers lui...

GUATTINARA.

Il est de ce côté...

HENRI.

Et la princesse Marguerite?...

GUATTINARA.

La voici! (*S'adressant à Marguerite.*) L'Empereur me fait dire, Madame, que Votre Altesse peut rester près de son frère tout le temps qu'elle jugera nécessaire et convenable.

HENRI, *à part.*

Quel bonheur!

(*Guattinara salue la princesse, et sort par la porte du fond.*)

SCÈNE IV.

MARGUERITE, HENRI.

HENRI, *attendant que Guattinara soit sorti.*

Me voici, Madame... Je n'ai tardé que pour mieux remplir vos ordres, et vous avez pu savoir déjà par le révérend père dominicain que tout marchait au gré de nos vœux.

MARGUERITE.

Il n'est plus question de nos projets; n'y pensons plus, Henri! Avant de rendre mon frère à la liberté, il faut le rendre à la vie.

HENRI.

Que dites-vous? grand Dieu!

MARGUERITE.

Que je l'ai trouvé dans un état d'abattement que personne ne peut s'expliquer! Il est sans fièvre, sans souffrance, et ses forces l'abandonnent! et ma vue qui lui faisait répandre des larmes de joie, ne pouvait cependant le distraire... d'une pensée constante qui le préoccupe; (*Avec désespoir.*) il a au cœur un secret dessein qu'il veut dérober à tous les yeux.

HENRI.

Même aux vôtres?

MARGUERITE.

Il l'espère en vain... Je tremble de l'avoir deviné... En rapprochant la situation où je le vois... du rapport de ses gardiens qui prétendent que, depuis quelques jours, il n'a pris aucune nourriture... une horrible pensée m'est venue...

HENRI, *effrayé.*

Laquelle?...

MARGUERITE.

Le roi François Ier, à qui on a ôté tout moyen d'attenter à ses jours, veut se laisser mourir de faim.

HENRI.

Mourir de faim?

MARGUERITE.

Oui... Il regarde sa captivité comme le fardeau, comme la ruine de la France... il veut la délivrer par sa mort.

HENRI.

Nous ne le souffrirons pas.

MARGUERITE.

Non, non... Mais il n'y a pas à lui en parler... car si c'est un parti pris... il n'en conviendra pas.

HENRI.

Écoutez... c'est sa voix...

MARGUERITE.

Il m'appelle... (*S'avançant.*) Me voici, me voici, mon frère!...

HENRI.

O mon roi! ô vainqueur de Marignan! (*François Ier paraît sur le seuil de la porte à gauche, conduit par Marguerite.*)

SCÈNE V.

HENRI, FRANÇOIS Ier, MARGUERITE.

FRANÇOIS Ier, *à Marguerite.*

Tu m'avais quitté?... Cette chambre est si sombre et si triste!... c'est l'Espagne! tandis que toi... c'est la France!... Ah! d'Albret?...

HENRI.

Sire?

FRANÇOIS Ier.

Et tes blessures?

HENRI.

Grâce au ciel, ce bras peut encore servir Votre Majesté... (*Il soutient le roi et le conduit jusqu'au fauteuil à gauche.*)

FRANÇOIS Ier, *assis entre eux deux.*

D'Albret!... ma sœur!... près de vous, mes amis, il n'y a plus d'exil.

MARGUERITE.

L'exil!... s'adoucit du moins. Voici M. d'Albret... qui a obtenu la permission...

HENRI.

De voir quelques heures Votre Majesté.

MARGUERITE.

Et moi de rester près de vous, sire, tant que je le voudrai... Voilà déjà de meilleures nouvelles! aussi nous allons passer tous les trois une bonne soirée... comme autrefois à Chambord.

HENRI.

Ou à Fontainebleau.

FRANÇOIS Ier, *regardant avec douleur les murs de sa prison.*

Oui, mes beaux ombrages de Fontainebleau... et ce palais, qu'embellissaient par mes soins les merveilles des arts. (*Il se détourne pour essuyer une larme.*)

MARGUERITE, *gaiement.*

Il est de fait, sire, que vous nous y receviez mieux qu'ici... D'abord, vous nous y donniez à souper... et moi j'ai grand'faim.

FRANÇOIS Ier, *souriant.*

En vérité, ma mignonne?...

MARGUERITE.

Je n'ai rien pris depuis ce matin.

FRANÇOIS Ier.

D'Albret... dis à mes gardiens de m'apporter cette collation... qu'ils avaient déposée dans ma chambre, hier, je crois, ou avant-hier. (*D'Albret sort.*)

SCÈNE VI.

FRANÇOIS Ier, MARGUERITE.

MARGUERITE, *vivement.*

Avant-hier!... Votre Majesté n'y avait pas touché!...

FRANÇOIS Ier.

C'est tout simple... un malade n'a pas faim... un captif encore moins... Il faut pour cela le grand air... l'air de la liberté... tandis que toi, ma mignonne, si jeune et si fraîche... et libre... Tiens, tiens, voilà ton souper que l'on t'apporte... (*Aux geôliers.*) Bien! bien!... maintenant laissez-nous. (*Après la sortie des geôliers et de Henri, à qui Marguerite a fait signe de s'éloigner.*) Là, près de moi, que je te regarde!... que je ne te perde pas des yeux.

MARGUERITE, *s'asseyant à la table.*

Ah! il m'eût été plus agréable... de partager cette collation avec Votre Majesté... (*Vivement.*) Je ne vous presse pas, sire... Dieu m'en préserve!... Mais quand je pense à nos repas en famille... Tenez, notre mère, qui depuis votre absence... veille à tout dans le royaume... qui a levé des troupes... garni nos places fortes...

FRANÇOIS Ier.

En vérité... elle ne s'est ni découragée... ni effrayée.

MARGUERITE.

Pas un instant. Tant que mon fils est vivant, me disait-elle, je ne crains rien. Son nom seul vaut une armée... tous les mauvais desseins sont comprimés dans le royaume devant la crainte continuelle de son retour.

FRANÇOIS Ier.

Ma mère a dit cela?...

MARGUERITE.

Et il reviendra... continuait-elle... Dieu me le dit, j'en suis sûre... car je ne veux pas mourir sans le voir et sans l'embrasser.

FRANÇOIS Ier.

O ma mère... ô ma bonne mère!...

MARGUERITE.

Que Dieu prolonge ses jours! (*Versant dans le verre qui est devant le roi.*) A sa santé, mon frère! (*François tressaille.*) Refuserez-vous d'y boire avec moi?

FRANÇOIS Ier.

Non, non, donne... donne... quelques gouttes... (*Élevant son verre.*) ma mère! (*Il boit.*) Ah! ce vin m'a ranimé...

MARGUERITE.

Et votre fils, le dauphin, quoique enfant, si vous saviez comme il s'occupe de vous?... Ma tante Marguerite, me criait-il, au moment du départ, dites à mon père que je l'attends.

FRANÇOIS Ier.

Vraiment?

MARGUERITE.

Pour apprendre de lui à manier mon épée et à monter mon premier cheval.

FRANÇOIS Ier.

Mon fils!... mon fils!... il m'attend!...

MARGUERITE.

Eh! oui, sire... il vous attend! (*Elle verse du vin à François Ier.*) Et il n'est pas le seul... bien d'autres encore .. de jolies dames...

FRANÇOIS Ier.

Hein! Que dis-tu?

MARGUERITE.

Qui m'avaient chargée pour vous de tendres souvenirs.

FRANÇOIS Ier.

En vérité... (*Il porte la main à son verre.*)

MARGUERITE.

La belle duchesse de Châteaubriand... (*Glissant un biscuit dans le verre du roi.*) qui mourrait, je crois, si elle ne devait plus vous revoir.

FRANÇOIS Ier.

La duchesse... elle pense encore à moi! (*Il mange le biscuit.*)

MARGUERITE.

Elle!... dites donc toutes les femmes de la cour.

FRANÇOIS Ier, *avec plaisir.*

Toutes les femmes!... (*Il boit.*)

MARGUERITE.

Si vous saviez comme vous les avez rendues pieuses et exactes à l'église!... (*Elle sert des conserves de fruits au roi.*) comme elles y venaient prier pour le roi... et quand on a su que je partais vers vous, que de recommandations (*Elle glisse une cuiller au roi.*) et des nœuds de rubans... des cheveux... des écharpes...

FRANÇOIS Ier, *vivement.*

Vraiment!

MARGUERITE.

Et même de petits billets bien tendres.

FRANÇOIS Ier, *prenant de lui-même un second biscuit.*

Des billets... et de qui?

MARGUERITE.

Je vous les donnerai... vous les lirez... Ah! je conçois votre désespoir d'être à Madrid! on n'y trouve ni aussi jolies femmes... ni aventures aussi piquantes...

FRANÇOIS Ier, *vivement et posant son verre.*

Eh bien! Marguerite, c'est ce qui te trompe.

MARGUERITE.

Que me dites-vous?

FRANÇOIS Ier.

Qu'ici, dans ma captivité... il y a un mystère inouï... un secret dont je ne pouvais parler... car celle à qui je dis tout, ma sœur était loin de moi.

MARGUERITE, *avec chaleur.*

La voici de retour... ainsi que nos causeries du soir... nos petits soupers en tête à tête!

FRANÇOIS Ier, *se retournant vivement en face de Marguerite.*

Comme à Chenonceaux! imagine-toi, ma mignonne.

MARGUERITE.

Vous allez vous fatiguer.

FRANÇOIS Ier.

Non, non, n'aie pas peur.

MARGUERITE.

Et si vous ne prenez pas des forces pour votre récit...

FRANÇOIS Ier.

C'est inutile...

MARGUERITE.

Non, non!... Vous mangerez d'abord... ou je n'écoute rien!

FRANÇOIS Ier, *riant.*

Marguerite, tu es donc toujours despote?...

MARGUERITE.

Plus que jamais!

FRANÇOIS Ier.

Alors!... (*Il mange.*) Imagine-toi, ma mignonne, qu'une nuit pendant mon sommeil, il me semblait voir une femme jeune et belle se pencher vers moi!

MARGUERITE.

Mon frère François a toujours eu de ces rêves-là.

FRANÇOIS Ier.

C'était une réalité!... car au réveil, je trouvai près de moi un gant de femme... la main la plus jolie... la plus ravissante...

MARGUERITE.

En fait de gants, l'imagination fait tout. (*Elle frappe sur l'assiette du roi pour qu'il mange.*)

FRANÇOIS Ier.

Attends donc... (*Elle continue à frapper, il mange.*) Depuis ce moment, il ne s'est pas écoulé de semaine qui ne m'apportât quelques souvenirs mystérieux de la belle inconnue.

MARGUERITE.

Elle a donc des intelligences avec les geôliers?...

FRANÇOIS Ier.

Je n'en sais rien!... tantôt c'est une lettre qui me prodigue des consolations, tantôt des chants français que j'entends au pied de la tour, ou de l'autre côté du Mançanarès... tantôt des fleurs (*Montrant la corbeille, à droite.*) vois plutôt!... qui me viennent d'elle, j'en suis sûr, et qui embellissent ma prison.

MARGUERITE.

Quel joli sujet de conte!... Mais enfin,... elle, l'inconnue...?

FRANÇOIS Ier.

Toujours invisible... Une nuit seulement,... il y a un mois, je me débattais contre la fièvre et le délire,... quand tout à coup, en étendant mon bras hors du lit, je sens tomber sur ma main une larme... Je veux jeter un cri. « — Silence!... me dit-on à demi-voix... C'est moi! — Vous!... ma bienfaitrice? — Oui, pour vous soigner. — Mais, qui êtes-vous? — Je ne puis le dire ni à vous ni à personne, sans me perdre!... Je suis... je suis la femme qui vous aime!... Silence, et dormez. » Elle était comme toi, elle était despote. Elle posa sa main sur mon front; et soit influence de cette main, soit faiblesse, je m'endormis; et à mon réveil, tout avait disparu!

MARGUERITE.

C'est étrange! Et elle était jeune et belle?

FRANÇOIS Ier, *avec chaleur.*

Si elle était belle!... c'était une grâce, une démarche, et malgré le léger demi-masque qui couvrait ses traits, des yeux et des dents admirables!

MARGUERITE.

Eh bien, quoique femme (*Levant son verre.*), je bois à la belle inconnue... et à tous ses charmes!

FRANÇOIS Ier, *trinquant avec Marguerite.*

Vrai Dieu! ma mignonne!... nous pourrions boire longtemps!

SCÈNE VII.

FRANÇOIS Ier ET MARGUERITE, *à table*, HENRI, *sortant de la porte à droite, suivi de deux geôliers.*

HENRI.

Que vois-je?

MARGUERITE.

Le repas du roi... qui est fini! (*Le roi fait signe aux deux geôliers d'enlever la table.*)

(*Les deux geôliers emportent la table par la porte du fond et disparaissent.*)

MARGUERITE, *bas à Henri.*

Pas un mot à mon frère sur son dessein, il en rougirait presque à nos yeux, maintenant qu'il y a renoncé. (*Regardant autour d'elle et voyant que les geôliers sont partis.*) Enfin, nous sommes seuls, sire, l'heure de la liberté est sonnée.

FRANÇOIS Ier.

Que veux-tu dire?

MARGUERITE.

Qu'il est un projet conçu par nous dont nous n'osions parler à Votre Majesté, avant d'être sûrs qu'elle pourrait nous seconder. Vous sentez-vous le courage,... non,... je veux dire la force de faire une ou deux lieues à cheval?...

FRANÇOIS Ier, *avec force.*

Plus encore,..... dussé-je en mourir!..... Mourir libre! (*Avec abattement.*) Mais vous vous flattez d'un vain espoir... ignorez-vous que jour et nuit veillent au pied de cette tour des soldats...

HENRI.

Commandés aujourd'hui par le jeune comte de Villaréal...

MARGUERITE.

La duchesse de Médina en répond. Il n'entendra rien,... il ne verra rien,... c'est convenu!

HENRI.

Deux chevaux nous attendent au bord du Mançanarès, et plus loin, une voiture, des relais disposés...

FRANÇOIS Ier.

Par qui?

MARGUERITE.

Par le marquis de Santa-Fé, le grand écuyer!

FRANÇOIS Ier.

Un ennemi à moi!... que tu as supplié...

MARGUERITE, *fièrement.*

Un esclave à qui j'ai commandé.

FRANÇOIS Ier, *souriant.*

Je comprends;... mais une fois en voiture, pour traverser l'Espagne?...

HENRI.

Nous avons, sous un nom supposé et jusqu'à la frontière, un sauf-conduit délivré...

FRANÇOIS Ier.

Par qui?

MARGUERITE.

Par l'amirante de Castille.

FRANÇOIS Ier.

Et sous quel prétexte?

MARGUERITE, *riant.*

Sous prétexte qu'il m'adore et que je lui ai fait perdre la tête! Que voulez-vous? depuis quinze jours, je m'occupe; je n'aime pas à perdre mon temps, et pendant que je ne pouvais pas vous voir...

FRANÇOIS Ier.

O sublime et vertueuse coquette!... Mais pour descendre cet escalier et franchir ces murailles?... c'est là le plus difficile.

MARGUERITE.

A défaut de la terre, je me serais adressée au ciel. J'ai fait demander un moine,... un dominicain,... il est là.

FRANÇOIS Ier.

Quel rapport cela peut-il avoir...

MARGUERITE.

Un moine qui nous appartient. Vous sortirez, sire, sous son capuchon.

FRANÇOIS Ier.

Moi! François premier, m'enfroquer, prendre une robe de moine!...

MARGUERITE, *riant.*

Qu'importe?... pour un quart d'heure...

FRANÇOIS Ier.

Et si cette ruse se découvrait, si j'étais arrêté? M'exposer aux railleries de ces orgueilleux Espagnols sous un pareil costume, sous un froc!... Autant vaudrait être rasé, tonsuré et jeté dans un cloître... Non! un roi de France peut être vaincu et captif, mais ridicule... jamais!

HENRI, *vivement.*

Sa Majesté a raison!

FRANÇOIS Ier, *de même.*

N'est-ce pas? Tu me comprends, toi?

MARGUERITE.

Allons! voilà le chevaleresque qui s'en mêle!... O maudit orgueil masculin! Pour un motif aussi frivole, aussi absurde, faire manquer un projet superbe! une évasion si bien combinée! (*S'approchant de la corbeille, à droite, et y cueillant plusieurs fleurs.*) Cherchez donc et trouvez mieux! (*Se jetant dans un fauteuil.*) Moi, je ne m'en mêle plus!

HENRI.

Comment faire, sire, comment faire?

FRANÇOIS Ier.

Dieu nous viendra en aide! Dieu, ou mon bon ange.

MARGUERITE, *arrangeant les fleurs pour s'en faire un bouquet.*

O ciel!... au milieu de cette fleur je crois apercevoir... un petit papier roulé...

FRANÇOIS Ier, *poussant un cri.*

Que disais-je!... ce sera de mon inconnue...

MARGUERITE, *lui présentant le papier qu'elle vient de retirer.*

A vous, sire!

FRANÇOIS Ier, *lisant le papier qu'il vient de dérouler.*

« Derrière la statue de la Madone, vous trouverez, puisse-t-il « vous être utile, un souvenir, un présent, auquel je travaille en « secret, depuis trois mois. » Son portrait!...

MARGUERITE.

La belle avance!

HENRI, *qui a plongé sa main derrière la Madone.*

Non!... une échelle de soie!

MARGUERITE.

Cela vaut mieux!

HENRI.

Et une clé... avec une étiquette: (*Lisant.*) clé de la grille du balcon.

FRANÇOIS Ier, *montrant le balcon à gauche.*

La fenêtre grillée de ce balcon... donne sur une plate-forme de l'autre côté du Mançanarès.

HENRI.

Voilà ce qu'il nous faut, sire!

FRANÇOIS Ier.

Un chemin proposable.

MARGUERITE.

Où il y a de quoi se tuer... je m'y oppose! les sentinelles placées sur le bastion de droite vous apercevront descendre!

FRANÇOIS Ier.

Il fait nuit!

MARGUERITE.

Ils vous entendront!... ils tireront sur vous!

FRANÇOIS Ier.

Ils me manqueront! et d'ailleurs des arquebusades.... cela me va!... cela me convient, je suis chez moi... hâtons-nous de partir!... (*A Henri qui vient de s'élancer sur le balcon.*) Vois si cette clé ouvre la grille?... (*A Marguerite.*) Rassure-toi, ma bonne sœur, dans quelques instants je serai au pied de cette tour... et grâce à tes soins, à la voiture, aux relais, au sauf-conduit... (*A Henri.*) Eh bien?

HENRI, *sortant du balcon.*

La grille est ouverte!

FRANÇOIS Ier, *embrassant sa sœur et se dirigeant vers le balcon.*

Adieu... adieu, ma mignonne... ma bien-aimée Marguerite...

MARGUERITE, *le suivant.*

Prenez bien garde, sire!...

FRANÇOIS Ier, *déjà sur le balcon et s'adressant à d'Albret.*

Déroule l'échelle, pour que je puisse l'attacher.

MARGUERITE.

Bien solidement!

FRANÇOIS Ier.

N'aie pas peur.

MARGUERITE.

Non, je n'ai pas peur... mais dépêchez... dépêchez-vous. O ciel!... j'entends des pas... on monte... on vient... la porte s'ouvre... rentrez! (*Elle referme vivement les deux battants de la croisée. François Ier reste en dehors sur le balcon. Henri jette à terre dans un coin l'échelle qu'il commençait à dérouler. La porte du fond s'ouvre.*)

SCÈNE VIII.

MARGUERITE, *près du balcon à gauche*, HENRI, *qui descend le théâtre du même côté*, CHARLES-QUINT, *entrant par la porte du fond, précédé de quelques seigneurs et suivi de plusieurs officiers. Il s'avance au milieu du théâtre.*

MARGUERITE, *à part.*

L'Empereur!... (*S'avançant vers lui.*) Quoi! sire, c'est vous qui daignez venir...

CHARLES-QUINT.

M'informer moi-même d'une santé qui m'est chère et précieuse. Comment se trouve mon frère, le roi de France?

MARGUERITE.

Beaucoup mieux, sire.

CHARLES-QUINT.

Vous me répondez de ses jours?

MARGUERITE.

Oui, sire!...

CHARLES-QUINT.

Dieu soit loué!... car j'ai éprouvé, je ne vous le cache pas, un moment d'inquiétude terrible!

MARGUERITE.

Par malheur... il est encore trop faible pour recevoir l'honneur de votre visite.

CHARLES-QUINT.

Voilà qui est fâcheux! j'aurais été heureux d'avoir enfin avec lui, sans étiquette, sans cérémonies, et en bon frère, cette entrevue depuis si longtemps désirée. Il faudra bien, et contre notre gré, remettre à une autre fois...

MARGUERITE, *avec émotion.*

Oui... sire... partons... car l'air que l'on respire ici... m'oppresse!

CHARLES-QUINT, *aux officiers.*

Aussi nous donnerons des ordres pour que le roi de France soit transporté, dès que sa santé le permettra, dans un appartement plus convenable!

MARGUERITE.

J'en remercie Votre Majesté... mais partons...

CHARLES-QUINT, *offrant la main à Marguerite et faisant quelques pas avec elle pour sortir.*

Une personne... contre qui vous avez de grandes préventions... me demandait tout à l'heure bien vivement des nouvelles du roi...

MARGUERITE.

Qui donc, sire?

CHARLES-QUINT.

Un Français... le connétable de Bourbon!

MARGUERITE, *voyant la fenêtre du balcon qui s'agite légèrement et parlant à demi-voix à Charles-Quint.*

Sire, au nom du ciel, ne prononcez pas ici ce nom!

CHARLES-QUINT.

Et pourquoi?

MARGUERITE.

Si mon frère l'entendait!...

CHARLES-QUINT, *baissant la voix.*

C'est juste!... je me tais! mais vous conviendrez vous-même que la cour de France a eu envers lui des torts...

MARGUERITE, *faisant un geste d'effroi en voyant la fenêtre du balcon qui s'entr'ouvre.*

Des torts!...

CHARLES-QUINT, *de même.*

Il y a même ingratitude... car enfin, à la bataille de Pavie, il me l'a dit, c'est lui qui a épargné les jours du roi.

FRANÇOIS Ier, *poussant vivement la croisée et paraissant sur le bord du balcon.*

Il en a menti! (*Mouvement général.*)

CHARLES-QUINT.

Dieu! le roi de France!

FRANÇOIS Ier.

Lui-même! aussi bien et, fût-ce au milieu de nos ennemis, nous aimons à paraître!

CHARLES-QUINT, *avec colère.*

Cette grille ouverte!... une évasion!... (*Regardant Marguerite.*) au moment où je me confiais à votre loyauté... (*Regardant François Ier.*) à votre honneur!

FRANÇOIS Ier.

Étais-je donc prisonnier sur parole, et vous ai-je jamais donné la mienne? Non! j'ai conservé tous les droits de l'opprimé contre l'oppresseur, et du captif contre son geôlier.

CHARLES-QUINT.

Soit! et puisque c'est vous qui l'avez voulu, conservons nos rôles! (*Faisant un pas pour sortir.*) Adieu!

MARGUERITE, *se plaçant au-devant de Charles.*

Non, sire, non! Votre Majesté n'acceptera jamais un rôle indigne d'elle! Ce projet de fuite, qui vous blesse, c'est moi seule qui venais de l'imaginer; le roi, qui le repoussait, n'a cédé que vaincu par mes prières, et le ciel, qui souvent nous protége malgré nous, n'a pas voulu que ce dessein insensé fût exécuté par moi, pour vous réserver à vous, sire, une plus digne et plus noble tâche.

CHARLES-QUINT.

Que dites-vous?

MARGUERITE.

Que Dieu qui vous a ainsi rapprochés, semble avoir amené lui-même cette entrevue, cette conférence qui paraissait impossible. Qu'avez-vous besoin d'intermédiaires?... Comme vous le disiez si bien, sire, sans étiquette, sans cérémonies, en bons frères, arrangez tous vos différends.

FRANÇOIS Ier.

Je suis prêt à entendre toutes vos propositions, sire.

MARGUERITE, *à Charles-Quint.*

Et Votre Majesté?

CHARLES-QUINT, *après un instant de silence.*

Soit!

MARGUERITE, *bas à François Ier.*

De la prudence!... et surtout de la modération! (*S'approchant de Charles-Quint à qui elle fait une profonde révérence.*) Sire, il est souffrant encore!... ménagez-le!

CHARLES-QUINT, *gravement.*

Je vous jure que ce n'est pas moi qui me fâcherai, ni qui brouillerai les choses... au contraire! (*Un officier approche un fauteuil à Charles-Quint, Henri en avance un autre à François Ier.*) Laissez-nous! (*Marguerite sort par la porte à gauche, Henri la suit; les officiers sortent par le fond.*)

SCÈNE IX.

FRANÇOIS Ier, CHARLES-QUINT, *tous les deux debout.*

CHARLES-QUINT, *l'invitant à s'asseoir.*

Sire!...

FRANÇOIS Ier, *de même.*

Votre Majesté!...

CHARLES-QUINT.

Je suis chez moi... dans mon palais!

FRANÇOIS Ier, *regardant les murs de sa prison et souriant.*

Dans votre palais?... soit!... (*Il s'assied et Charles-Quint après lui. Après un instant de silence.*) D'abord, mon frère, et pour n'y plus revenir, que je vous fasse un reproche. Comment avez-vous tant tardé à m'accorder cet entretien? comment avez-vous pu ajouter à l'horreur de ma captivité l'espérance tant de fois déçue de vous voir... de me plaindre, à vous-même, des privations que m'imposaient, à votre insu, vos valets?... Pardon, mon intention n'est pas de blesser Votre Majesté...

CHARLES-QUINT, *avec bonhomie.*

Me blesser? au contraire... Tout ce que vous me dites, sire, je me le suis reproché souvent, plus amèrement encore que vous ne pourriez le faire... mais la faute n'en était pas à moi!

FRANÇOIS Ier.

Et à qui donc?

CHARLES-QUINT.

Ignorez-vous donc combien le conseil de Castille est jaloux de ses droits et priviléges? Empereur d'Allemagne, on ne m'a permis d'être roi, à Madrid, qu'en partageant le trône avec Jeanne ma mère... et malgré son état de démence, tous les actes du pouvoir sont toujours revêtus de son approbation, ou plutôt de celle du conseil de Castille qui la représente; et, vous ne savez pas ce que c'est que le joug de ces vieux précepteurs de rois... surtout quand c'est à eux que l'on doit la couronne et que, sous peine d'être ingrat, on n'ose leur rompre en visière.

FRANÇOIS Ier.

En vérité!

CHARLES-QUINT.

Je voulais, moi, qu'on vous donnât pour prison un palais, avec une lieue de forêt pour la promenade et la chasse!... mais mes vieux conseillers prétendaient que Votre Majesté tenterait de s'échapper... (*Mouvement de François Ier.*) et leur prudence exagérée...

FRANÇOIS Ier, *avec impatience.*

Devait mal s'accorder avec votre franchise... N'en parlons plus! Vos conditions, sire?...

CHARLES-QUINT, *vivement.*

Mes conditions, à moi!... aucune!... Mais je suis bien obligé de vous apporter celles du conseil. La longue et terrible guerre que nous venons de soutenir contre Votre Majesté, nous a tellement obérés, qu'on exige, pour réparer nos pertes, qu'une rançon de douze cent mille écus d'or soit payée par la France...

FRANÇOIS Ier, *froidement.*

Par la France?.. Non pas; mais par moi. Je vendrai mes domaines, mes apanages, mes diamants. Accordé!

CHARLES-QUINT.

Il est naturel, qu'avec un ennemi si redoutable, on prenne ses garanties! On exige que vous abandonniez toute prétention sur l'Italie et les Pays-Bas.

FRANÇOIS Ier, *avec douleur.*

Perdre d'un trait de plume ces conquêtes achetées par tant d'or et de sang!...

CHARLES-QUINT, *vivement.*

Et vous pourriez dire, par tant d'immortels exploits! Mais, injuste ou non, le sort des batailles vous les a fait perdre.

FRANÇOIS Ier, *avec chaleur.*

Et, Dieu aidant, je peux les regagner!

CHARLES-QUINT.

Vous en êtes bien capable, sire, et c'est justement ce qu'on veut empêcher...

FRANÇOIS Ier, *avec humeur et se levant.*

Soit... Accordé!

CHARLES-QUINT.

Après...

FRANÇOIS Ier.

Après! (*Se rasseyant.*)

CHARLES-QUINT.

Ceci est un acte de reconnaissance et de bonne foi, un engagement solennel contracté par l'Espagne, envers le connétable de Bourbon...

FRANÇOIS Ier, *avec colère.*

Le connétable? cet infâme!... ce traître!...

CHARLES-QUINT.

Qui nous a loyalement servis... pour un traître!... Et le conseil demande, pour prix de ses services, que Votre Majesté l'indemnise, et au delà, de tous ses biens confisqués en France.

FRANÇOIS Ier, *avec colère.*

Le payer! pour m'avoir vendu! (*Se contenant.*) Prenez garde, sire... ne donnez pas, pour vous-même, un pareil exemple?... Il peut y avoir du danger à payer les traîtres.

CHARLES-QUINT, *froidement.*

Il peut y en avoir à ne pas les payer...

FRANÇOIS Ier, *regardant Charles-Quint avec mépris.*

Les craindre est plus honteux encore que de s'en servir, et Votre Majesté entreprend là une lourde tâche pour ses finances obérées, car si elle estime aussi haut la trahison, j'ignore de quel prix elle pourra payer la loyauté de ses fidèles sujets!... Cela vous regarde, sire; accordé!

CHARLES-QUINT, *avec joie.*

Ah!...

FRANÇOIS Ier.

Touchons-nous donc dans la main, et signons notre traité.

CHARLES-QUINT.

Je ne le puis, par malheur, sans une dernière condition.

FRANÇOIS Ier, *avec impatience.*

Encore une autre?...

CHARLES-QUINT.

Celle-là est la justice même!... et votre loyauté ne saurait s'y refuser!

FRANÇOIS Ier.

Quelle est-elle? Voyons.

CHARLES-QUINT.

Le roi Louis XI, qui fut un grand politique, et qui conquérait plus de provinces par la plume que d'autres par l'épée, avait usurpé sur nos pères, et annexé à la France, le duché de Bourgogne...

FRANÇOIS Ier, *ne pouvant se contenir.*

Le duché de Bourgogne!... Il a pu entrer dans votre pensée que je consentirais à l'abandonner... à le céder...

CHARLES-QUINT.

C'est-à-dire, à le rendre...

FRANÇOIS Ier, *se levant.*

Ah! c'est trop longtemps irriter ma patience!...

CHARLES-QUINT.

Calmez-vous, sire; que votre modération égale la mienne!

FRANÇOIS Ier, *avec violence.*

Assez de railleries, sire, ou, par le ciel! je ne répondrais pas de moi!

CHARLES-QUINT, *avec hauteur.*

Qu'est-ce à dire?

FRANÇOIS Ier.

Croyez-vous que j'aie été dupe de cette feinte modération; de votre fausse bonhomie et de vos prétentions au rôle de jeune homme en tutelle? Je me suis contenu, cependant, et quelque cruels que fussent les sacrifices qu'on exigeait, quand, après tout, ils ne regardaient que moi, quand ils n'attaquaient que mes trésors, à moi, mes biens, à moi, mes conquêtes ou mon orgueil, j'ai tout accordé; mais s'attaquer à la France, mais me demander son morcellement et son déshonneur!... alors le souverain se relève et vous dit: Moi, vivant, vous n'y toucherez pas!

CHARLES-QUINT.

Très-bien! si vous étiez en France, et dans votre royaume; mais vous oubliez que vous êtes à Madrid!

FRANÇOIS Ier.

Et vous aussi, vous l'oubliez, en insultant un ennemi désarmé! Mais le roi captif a un peuple qui n'a pas besoin de chef pour combattre et repousser l'étranger; le roi captif a des alliés qu'indigne votre ambition, et le roi d'Angleterre, Henri VIII...

CHARLES-QUINT.

Peut lever en votre faveur des armées et des flottes; il trouvera Charles-Quint partout...

FRANÇOIS Ier.

Excepté sur les champs de bataille!

CHARLES-QUINT, *avec hauteur.*

Et pourquoi donc?

FRANÇOIS Ier.

Parce que vous n'avez jamais tenu une épée de votre vie.

CHARLES-QUINT.

Moi!

(*Henri d'Albret sort de la porte, à gauche.*)

HENRI, *à part.*

Qu'y a-t-il donc?

FRANÇOIS Ier, *avec amertume.*

Il s'est livré de beaux combats depuis que vous avez âge d'homme; vous n'en avez vu aucun. Votre royaume s'est enrichi de nombreuses conquêtes,.. vous n'en avez fait aucune. Qui commandait les Espagnols vainqueurs dans la Navarre? Villalva! dans le Milanais? Colonna! dans la Castille! le comte de Haro! mais Charles-Quint!... absent, toujours absent!...

CHARLES-QUINT, *hors de lui.*

Sire!...

HENRI, *s'avançant auprès de François Ier.*

Sire, au nom du ciel!...

FRANÇOIS Ier.

C'est toi, Henri!... le ciel t'envoie... Il y aura un témoin de ma vengeance... (*A Charles-Quint.*) Enfin, les Espagnols ont vaincu les Français à Pavie!... Qui était leur chef?... un Français!... un Français félon! Oui, pour vaincre la France, il vous a fallu acheter l'aide de la France, l'acheter par la trahison, par la corruption... votre courage, à vous!...

CHARLES-QUINT.

Ah! je ne supporterai pas un tel outrage!

FRANÇOIS Ier.

Prouvez-le donc! Vous avez une arme au côté, et d'Albret me donnera la sienne; l'épée à la main, et vidons ici notre querelle, en chevaliers, avec Dieu pour juge!... (*Montrant d'Albret.*) et un gentilhomme pour témoin.

CHARLES-QUINT, *froidement.*

Je conçois, en effet, sire, que ce parti vous conviendrait; mais la victoire me fût-elle assurée, je demanderais à Votre Majesté la permission de ne pas la priver d'une existence qui m'est aussi chère qu'utile; quant à la mienne, je la tiendrai en précieuse et digne garde pour vous prouver que, sans vous égaler en prétendu héroïsme, on peut vous surpasser en renommée. Pendant que vous resterez immobile et enchaîné... j'avancerai toujours, toujours, et ne m'arrêterai dans ma marche, que lorsque l'Europe entière m'appartiendra, à commencer par la France. Adieu! (*Il sort.*)

HENRI, *avec indignation.*

La France, à lui!... jamais!

FRANÇOIS Ier, *de même.*

Tu dis vrai.

SCÈNE X.

LES PRÉCÉDENTS, MARGUERITE *accourant au bruit.*

MARGUERITE.

Sire!... sire!... qu'y a-t-il?

FRANÇOIS Ier, *avec exaspération.*

S'il croit, en me tenant captif, tenir la France enchaînée, s'il espère lui imposer des sacrifices pour ma rançon, il se trompe, il n'aura rien. Son prisonnier lui échappera.

MARGUERITE.

Comment!

FRANÇOIS Ier.

Attends, attends! (*Il se met à la table à droite.*)

MARGUERITE.

Sire, que voulez-vous faire?

HENRI.

Quel est votre dessein? (*Écoutant près du tableau de saint Pacôme.*) C'est singulier!... derrière ce tableau j'ai cru entendre .. Non, non!...

FRANÇOIS Ier, *après avoir écrit avec agitation, se lève et dit en passant entre eux :*

Henri!... ma sœur!... veillez bien sur cet écrit, dérobez-le à tous les yeux. Défendez-le, au prix même de votre sang, car il faut qu'il parvienne entre les mains de ma mère, de Louise de Savoie, régente de France!...

MARGUERITE.

Je vous le jure... Mais qu'est-ce donc?

FRANÇOIS Ier.

Tiens!... tiens!... je te le confie.

MARGUERITE, *le regardant, et poussant un cri.*

Ah! votre acte d'abdication?

FRANÇOIS Ier.

En faveur de mon fils, le Dauphin, et maintenant Charles-Quint aura beau faire, le roi n'est plus à Madrid, il est en France.

HENRI.

Sire!... sire!...

FRANÇOIS Ier.

Non... François Ier n'est plus rien... qu'un simple gentilhomme, qu'on pourra torturer peut-être, mais dont la main ne peut plus signer de traité, et qui, du fond de sa prison, peut s'écrier encore: Que Dieu sauve la France!

(*Le roi est debout. — Henri et Marguerite sont tous les deux à ses genoux.*)

ACTE TROISIÈME.

(Un appartement du palais; deux portes à gauche; deux portes à droite; une porte au fond. A gauche, sur le premier plan, une table, des flambeaux, ce qu'il faut pour écrire. Un jeu d'échecs. A droite un guéridon, sur lequel sont des ouvrages à l'aiguille et une écritoire de femme.)

SCÈNE PREMIÈRE.

ÉLÉONORE, *faisant du filet,* ISABELLE *ne faisant rien, toutes deux assises à côté l'une de l'autre et ne se parlant pas.*

ÉLÉONORE, *après quelques instants de silence.*

La revue a été belle aujourd'hui?

ISABELLE.

Superbe!

ÉLÉONORE.

Vous y assistiez à côté de l'Empereur...

ISABELLE.

Tout à côté!

ÉLÉONORE.

On prétend qu'il a eu une entrevue avec le roi de France.

ISABELLE.

Ah!... je ne sais pas!

ÉLÉONORE.

Il a dû vous en parler.

ISABELLE.

C'est possible!... je n'écoutais pas! je regardais si les toilettes de ces dames étaient plus belles que la mienne.

ÉLÉONORE.

Mais vous couriez risque de mettre l'Empereur très en colère.

ISABELLE.

Jésus Maria!... et pourquoi cela?

ÉLÉONORE.

Il veut que l'on s'occupe de politique.

ISABELLE.

C'est bien ennuyeux!

ÉLÉONORE.

Je conçois! mais pourvu seulement qu'on ait l'air de s'en occuper...

ISABELLE.

Et comment faire pour cela?

ÉLÉONORE.

Comment?...

UN PAGE, *annonçant.*

Son Excellence le comte Guattinara.

ÉLÉONORE, *à demi-voix à Isabelle et vivement.*

Quand on voit un ministre, il faut l'interroger, lui demander ce qui se passe, se faire rendre compte... enfin, il faut qu'une reine ait l'air de savoir. (*Eléonore se remet à travailler.*)

SCÈNE II.

ÉLÉONORE, ISABELLE, GUATTINARA.

GUATTINARA, *parlant au dehors, à la porte à droite.*

Oui, vous dis-je, j'ai à parler à Son Altesse. (*Il place son chapeau sur le guéridon à droite, s'avance, et, apercevant Eléonore:*) Dieu! la princesse Éléonore!

ISABELLE.

Qu'est-ce donc?

GUATTINARA, *haut à Isabelle.*

Je m'empressais d'apporter à Votre Altesse des lettres de France, des compliments de félicitations de la régente Louise de Savoie sur votre mariage.

ISABELLE, *prenant la lettre.*

Une lettre de Paris!... c'est singulier, moi qui viens d'y écrire!... un message très-pressé pour des gants et des rubans!

GUATTINARA.

Eh mon Dieu! j'en suis désolé! La lettre de Votre Altesse ne partira pas! je viens de donner l'ordre d'arrêter tous les courriers qui partent pour la France, excepté ceux de l'Empereur, et d'ouvrir toutes les lettres.

ISABELLE, *avec indifférence.*

Ah! bah!

ÉLÉONORE, *à voix basse.*

Demandez-lui donc pourquoi?

ISABELLE, *de même.*

C'est juste! je n'y pensais plus. (*Haut.*) Et pour quels motifs, seigneur Guattinara?

GUATTINARA, *s'inclinant.*

Des motifs... politiques!

ÉLÉONORE, *bas à Isabelle.*

Raison de plus!

ISABELLE.

Raison de plus... moi, la reine, je dois savoir...

GUATTINARA, *étonné et à part.*

Est-il possible!... (*Haut.*) Il s'agit d'une affaire d'État, d'un grave complot que j'ai découvert.

ISABELLE.

Vraiment?

GUATTINARA, *à part.*

Grâce à saint Pacôme!... (*Haut.*) complot dont je tiens à saisir les preuves... C'est pour cela que j'ai défendu de laisser sortir aucun Français de Madrid, ou de leur accorder des saufs-conduits.

ISABELLE, *d'un air d'indifférence.*

Voyez-vous cela!

ÉLÉONORE, *à voix basse.*

Demandez quel est ce complot!

ISABELLE.

Quel est ce complot?

GUATTINARA.

Intrigue purement diplomatique et très-embrouillée! Votre Altesse tient-elle absolument à la connaître?

ISABELLE.

Du tout! c'était pour savoir... (*Rencontrant un regard d'Éléonore.*) mais, c'est égal!

GUATTINARA.

Ce sera très-long!

ISABELLE, *lui faisant signe de la main.*

Assez! assez!

GUATTINARA.

Je n'en dirai donc pas davantage!

ÉLÉONORE, *à part.*

Pas davantage! (*Haut et se levant.*) Je crains que ma présence ne gêne Votre Altesse, et moi qui n'entends rien aux affaires d'État et qui ne m'en mêle jamais, je vous demanderai, Madame, la permission de me retirer.

(*Elle lui fait la révérence et sort.*)

SCÈNE III.

ISABELLE, GUATTINARA.

GUATTINARA, *à part.*

Enfin! elle s'éloigne! (*Haut.*) Tout à l'heure, quand je suis entré dans le salon où j'ai trouvé Votre Altesse, seule en tête-à-tête avec l'Empereur, je n'ai pu, dans le trouble, dans la douleur où j'étais... savoir si vous aviez daigné parler à Sa Majesté de la nécessité de me conférer son ordre de la Toison d'Or!

ISABELLE.

Oui vraiment! L'Empereur a répondu: Rien ne presse, nous attendrons que notre nouveau ministre ait fait ses preuves et nous ait rendu quelque signalé service.

GUATTINARA.

Il a dit cela!... (*A part.*) A merveille, sire; on s'arrangera pour vous devenir nécessaire. (*Haut.*) Alors Votre Altesse a insisté.

ISABELLE.

Oh! mon Dieu, non!... Je ne pensais qu'à tout ce peuple, tous ces officiers qui criaient: Vive la reine!... et puis, dans l'intérieur des appartements, toute cette cour attentive et prosternée, tous ces jeunes seigneurs, si élégants et de si bonne mine, qui semblaient épier chacun de mes regards... Ah! c'est beau d'être reine d'Espagne!

GUATTINARA, *avec jalousie.*

Vous trouvez?

ISABELLE.

Je commence!... car jusque-là ce n'était pas amusant. Et puis, sur un geste du roi, tout le monde s'est retiré. Nous sommes restés dans le petit salon... seuls.

GUATTINARA, *à part.*

Ah mon Dieu!...

ISABELLE.

Il avait un air plus aimable, plus gracieux qu'à l'ordinaire.

GUATTINARA.

C'était jour de gala.

ISABELLE.

Probablement! cela m'a enhardie... j'ai causé beaucoup!

GUATTINARA, *à part.*

Tant pis...

ISABELLE.

Le roi ne m'écoutait pas...

GUATTINARA, *à part.*

Tant mieux...

ISABELLE.

Mais il me regardait...

GUATTINARA.

Ayé!... tant pis!

ISABELLE.

En disant... qu'il y a d'éloquence... qu'il y a d'esprit dans ces yeux-là... les miens!... Puis, comme me faisant signe de me taire, avec la main, il s'est écrié : Ah! laissez-les, laissez-les parler.. et il a pris ma main qu'il a pressée contre ses lèvres... C'est dans ce moment-là que vous êtes entré.

GUATTINARA.

Ah! si Votre Altesse savait ce que j'ai éprouvé de torture...

ISABELLE.

Si je l'avais su... j'aurais sur-le-champ retiré ma main.

GUATTINARA.

O ciel!... gardez-vous-en bien!... Dès que je me sacrifie,... dès que je m'immole,... ne voyez que votre bonheur, votre gloire!... Oubliez un malheureux,... c'est-à-dire, non, ne m'oubliez pas... au contraire! Mais soyez reine!... reine toute-puissante... pour vous... et pour vos amis!

ISABELLE.

C'est ce que je me suis dit.

GUATTINARA, *à part.*

Sanchette, mes seules amours, Sanchette, du moins, me restera!

ISABELLE.

Et pour vous prouver ma confiance...

GUATTINARA.

Parlez vite.

ISABELLE.

Vous savez bien, cette jeune camériste si gentille, si vive, si amusante,... que vous avez placée près de moi?

GUATTINARA.

La petite Sanchette,... la señora Babiéça...

ISABELLE.

Je vous préviens qu'elle a une inclination...

GUATTINARA, *à part et avec trouble.*

O ciel!... qui a pu lui dire?... (*Haut, avec embarras.*) Vous croyez...

ISABELLE.

J'en suis sûre... Tout à l'heure, assise là près de la porte de mon petit salon,... (*Montrant la première porte à gauche.*) j'ai entendu, sans le vouloir... toute une conversation...

GUATTINARA, *étonné.*

Comment cela?

ISABELLE.

Une voix très-jeune et très-agréable, disait : « Sanchette,... « Sanchette, il faut que vous m'ayez aujourd'hui un sauf-conduit « pour la France. »

GUATTINARA.

Un sauf-conduit! pour la France! Et qui parlait ainsi?

ISABELLE.

Je ne voyais pas, j'entendais,... et Sanchette répondait : « Jamais, car vous partiriez et je ne vous verrais plus! Je sais bien, « continua-t-elle en pleurant, que vous ne m'aimez pas! »

GUATTINARA, *à part.*

A la bonne heure!

ISABELLE.

« Mais moi, je vous aime, témoin un grand seigneur de la cour, « que je supportais autrefois, et qu'à présent je déteste! »

GUATTINARA, *avec fureur.*

Ah! c'est donc cela...

ISABELLE, *naïvement.*

Eh oui, c'est cela même!

GUATTINARA, *montrant la gauche.*

Et vous dites qu'ils étaient là, dans le petit salon?

ISABELLE.

Ils y sont peut-être encore.

GUATTINARA.

Ah! me voilà sur la trace; (*Faisant quelques pas pour sortir.*) je saurai... Dieu! l'Empereur...

SCÈNE IV.

ISABELLE, CHARLES-QUINT, *entrant par le fond*, GUATTINARA.

CHARLES-QUINT.

Toi, ici, Guattinara?

GUATTINARA, *troublé.*

Oui, sire!... Votre auguste fiancée me donnait des nouvelles;... c'est-à-dire, c'est moi qui apportais à Son Altesse... des lettres de félicitations de la régente de France.

CHARLES-QUINT, *avec humeur.*

Elles viennent bien à-propos... (*A Isabelle.*) Il faut y répondre promptement... J'envoie aujourd'hui un courrier, un exprès au comte de Haro, notre ambassadeur à Paris; et s'il vous plaisait d'en profiter...

GUATTINARA, *fait un pas pour sortir.*

Et moi, je vais savoir...

CHARLES-QUINT.

Reste, Guattinara, nous avons à te parler.

(*Isabelle fait la révérence au roi et sort par le fond.*)

GUATTINARA, *à part.*

Grand Dieu! et pendant ce temps...

CHARLES-QUINT, *posant son chapeau sur la table à gauche, et regardant sortir Isabelle.*

Pas une idée dans une si jolie tête, pas une seule!... Et voilà celle qui doit partager mon trône, et m'aider à gouverner le monde! (*Sévèrement à Guattinara, qui est près de la porte de gauche.*) Je t'ai dit, Guattinara, que j'avais à te parler.

GUATTINARA, *s'inclinant et se rapprochant.*

Sire... cet honneur... (*A part.*) Et ce complot, et ce rival, qui vont m'échapper!

CHARLES-QUINT.

L'Infante m'a parlé d'une idée qui, je le vois, te trouble et te préoccupe.

GUATTINARA.

Moi, sire!...

CHARLES-QUINT.

L'ordre de la Toison d'Or.

GUATTINARA.

Eh bien! oui, sire;... c'est par mes services que je veux le mériter! et dès que j'aurai saisi tous les fils d'un complot qui nous menace...

CHARLES-QUINT.

En vérité!...

GUATTINARA.

Mais je crains, par malheur, qu'il ne soit déjà trop tard, et je demande à Votre Majesté la grâce...

CHARLES-QUINT, *vivement.*

De me quitter... Va donc,... va vite.

GUATTINARA, *reculant vers la porte à gauche.*

Merci, Majesté!... Ah!... ceux-là qui pensaient se jouer de moi, serviront eux-mêmes à mes projets... (*Se trouvant près de la table à gauche, et prenant le chapeau qui y est placé.*) Bientôt, sire, bientôt, je reviendrai, et Votre Majesté saura ce que j'ai fait.

(*Il sort par la porte à gauche, en emportant le chapeau.*)

SCÈNE V.

CHARLES-QUINT, *seul, regardant sortir Guattinara.*

En voilà un qui arrivera! si toutefois l'ambition et le désir d'arriver ne lui font pas perdre la tête... (*Regardant vers la table, à gauche.*) Eh bien!... eh bien!... qu'a-t-il donc fait?... Il s'est trompé... (*Riant.*) Passe pour ravir à un roi sa couronne,... mais son chapeau!.. (*Apercevant Marguerite qui entre.*) Ah! la princesse Marguerite!... Quelle animation dans ses traits! elle ne m'a jamais paru plus séduisante!...

SCÈNE VI.

CHARLES-QUINT, MARGUERITE.

MARGUERITE, *à part.*

Allons, à tout prix... maintenant, il faut partir pour la France!

(*Haut.*) Je venais, sire, faire mes adieux à la Reine et à Votre Majesté.

CHARLES-QUINT, *à part.*

O ciel! (*Haut.*) Vous, princesse...

MARGUERITE.

Toute espérance d'accommodements étant à jamais évanouie...

CHARLES-QUINT.

Pourquoi donc?

MARGUERITE.

Je viens vous demander, sire, la permission.... de quitter Madrid.

CHARLES-QUINT.

Pourquoi, de grâce, vous hâter?... qui vous dit que le roi votre frère ne réfléchira pas, surtout si vous restez près de lui, si vous calmez, par votre vue et vos paroles, un premier mouvement d'irritation et de colère.

MARGUERITE.

Le roi de France ne cédera pas.

CHARLES-QUINT.

Qu'en sait-il lui-même?

MARGUERITE.

Il en a fait le serment! et je ne resterais près de lui que pour le lui rappeler; je prie Votre Majesté de me faire donner un sauf-conduit.

CHARLES-QUINT.

Ainsi... c'est vous qui voulez que votre frère reste captif.

MARGUERITE.

Oui, sire...

CHARLES-QUINT.

Ce frère que vous aimez tant...

MARGUERITE.

Oui, sire.

CHARLES-QUINT.

Et si j'y mets la même obstination!

MARGUERITE, *avec fermeté.*

Ce sera une captivité éternelle!

CHARLES-QUINT, *effrayé.*

Éternelle!

MARGUERITE, *de même.*

A la face de l'Europe et de tous les princes de la Chrétienté! mon sauf-conduit, sire?

CHARLES-QUINT.

Un instant...

MARGUERITE.

Je ne resterai pas un instant de plus à Madrid.

CHARLES-QUINT.

Mais permettez...

MARGUERITE.

Je veux partir!

CHARLES-QUINT, *avec impatience.*

Et si je ne le veux pas!

MARGUERITE, *à part.*

O ciel!... prétendrait-il à présent me retenir?

CHARLES-QUINT, *avec émotion.*

Quand vous accorderiez encore quelques jours... non pas à moi, mais à ce frère, qui réclame votre tendresse et vos soins... ne seriez-vous pas bien à plaindre?...

MARGUERITE.

Ce n'est pas moi que je plains, sire... c'est vous!

CHARLES-QUINT.

Moi!...

MARGUERITE.

Qui, contre le droit des gens, voulez retenir une femme prisonnière.

CHARLES-QUINT,

Moi!...

MARGUERITE.

Prisonnière à votre cour...

CHARLES-QUINT.

A merveille!... Votre Altesse ne va-t-elle pas me traîner au ban de l'Europe et m'accuser de barbarie ou de despotisme?... elle qui, depuis une heure, tient tête à Charles-Quint... sans daigner même l'entendre et lui accorder audience!...

MARGUERITE.

J'écoute, sire... j'écoute...

CHARLES-QUINT.

Je parlais tout à l'heure de princesses... qui n'ont ni énergie, ni capacité politique... Votre Altesse n'est pas de celles-là. Elle eût fait un ministre plénipotentiaire précieux...

MARGUERITE.

Par le talent?

CHARLES-QUINT.

D'abord, et par l'obstination. Vous ne cédez sur rien!

MARGUERITE.

Eh! mais... ni vous non plus, sire.

CHARLES-QUINT.

Peut-être!... je rêvais tout à l'heure une combinaison politique difficile... mais non pas impossible... extraordinaire... bizarre peut-être... je ne les déteste pas! nouvel ultimatum que je voulais soumettre, non pas au roi François Ier, nous sommes brouillés, mais à la régente de France, votre mère.

MARGUERITE.

Quelque cession équivalente à la Bourgogne?

CHARLES-QUINT.

Peut-être! ce que je désire... c'est que nous causions tous deux de cette négociation, et que vous m'en donniez votre avis. C'est pour cela que je vous prie, princesse, de vouloir bien rester encore huit ou dix jours à la cour de Madrid. L'Infante Isabelle prétend que vous devez, demain, lire à sa soirée un conte charmant... je voulais dire un conte de vous... vous le lui avez promis, et nous réclamons à notre tour la foi des serments... (*S'inclinant.*) Je demande à Votre Altesse la permission d'expédier des dépêches que doit attendre Babiéça. (*Il salue respectueusement Marguerite et sort.*)

SCÈNE VII.

MARGUERITE, *puis* HENRI.

MARGUERITE, *étonnée et réfléchissant.*

Qu'est-ce que cela signifie?... un de ces brusques retours, si fréquents chez lui... aurait-il tout à coup modifié ses idées?... ou, sous ce gracieux sourire, cacherait-il quelque trahison?... (*Apercevant d'Albret.*) C'est vous, Henri, quelles nouvelles?

HENRI.

Fort inquiétantes... Par ordre du ministre Guattinara, aucun Français ne peut quitter Madrid.

MARGUERITE.

En vérité!

HENRI.

Défense, sous les peines les plus sévères, de leur délivrer aucun permis ou sauf-conduit.

MARGUERITE.

Ce n'est pas possible! de qui tenez-vous cela?

HENRI.

De la princesse Eléonore qui, passant rapidement près de moi, m'a dit à voix basse de vous en prévenir.

MARGUERITE.

La princesse Eléonore?... alors, ce doit être vrai!

HENRI.

Elle a ajouté, que tous les courriers, excepté ceux de l'Empereur, sont arrêtés, leurs dépêches ouvertes et examinées...

MARGUERITE.

Ce Guattinara soupçonne-t-il quelque chose?...

HENRI.

J'en ai peur!

MARGUERITE.

Se doute-t-il de l'acte qui est entre nos mains, et de son importance?

HENRI.

Mais comment? quel instinct l'aurait mis sur la trace?

MARGUERITE.

Et puis... vous ne savez pas, Henri, jusqu'à l'Empereur qui ne veut pas que je parte, qui veut me retenir à Madrid!

HENRI.

Est-il possible?

MARGUERITE.

Huit jours encore... pour le moins!... il l'a exigé!

HENRI, *avec effroi.*

O ciel!... il s'est fâché...

MARGUERITE.

Non... c'est moi!...

HENRI.

Et il a ordonné...?

MARGUERITE, *réfléchissant.*

Non... c'est moi!... lui, au contraire... m'a priée... avec une instance... une chaleur... il faut aussi qu'il ait quelque idée en tête!

HENRI, *vivement.*

Ah! ce ne sont pas des idées politiques...

MARGUERITE.

Que dites-vous?

HENRI.

D'autres... qu'il est si facile... de deviner... pas pour vous, peut-être... mais pour moi.

MARGUERITE, *poussant un cri de joie.*

Ah! s'il était vrai!...

HENRI, *avec indignation.*

Ô ciel !

MARGUERITE, *gaiement.*

Eh ! pourquoi pas?... Oui... oui... tout est possible !... Merci, Henri !... car sans vous, je ne m'en serais jamais douté.

HENRI.

Ah ! c'est indigne...

MARGUERITE.

Taisez-vous ! taisez-vous ! tout est permis pour sauver son roi et son frère... Mais une pareille pensée est tellement absurde, tellement invraisemblable...

HENRI.

N'est-ce pas?...

MARGUERITE, *gaîment.*

Il ne faut pas la négliger, cependant. (*Sérieusement.*) Mais il serait insensé de s'y arrêter, ou de fonder sur elle le moindre espoir de salut. (*Avec résolution.*) Il faut voir Sanchette.

HENRI, *avec humeur.*

Je l'ai vue.

MARGUERITE, *le regardant en souriant.*

Vraiment !... vous ne nous disiez pas cela... chevalier sournois!

HENRI.

Je l'avais aperçue dans l'antichambre de la reine... et je lui ai parlé de ce sauf-conduit que je la priais de m'obtenir... impossible !... Elle m'a refusé.

MARGUERITE.

Elle ! vous refuser !... Vous n'avez donc pas insisté !...

HENRI.

Non, Madame.

MARGUERITE, *vivement.*

Eh bien, vous avez eu grand tort ! Il y a une foule de trames et d'intrigues secrètes qui nous environnent, et que nous ne pourrons connaître que par Sanchette. D'abord, une dame mystérieuse, une grande dame qui s'introduit la nuit dans la prison du roi... Je le sais, il me l'a dit. Quelle est-elle?... Est-ce par son indiscrétion (car je réponds de vous et de moi.) que cet acte, confié à notre foi, cet acte d'abdication a été su de Guattinara, qui le connaît, ou le soupçonne? Et ce Guattinara lui-même, dans quels termes, dans quelles relations, dans quel échange de secrets est-il avec Sanchette, ou avec tout autre?... Voilà ce qu'il est important de savoir... et ce que Sanchette n'avouera qu'à celui... qui aura l'esprit de gagner sa confiance... Vous voyez donc bien, Monsieur... que dans l'intérêt du roi et de la France... cela vous regarde.

HENRI, *avec colère.*

Moi ! me présenter chez elle !... jamais !

MARGUERITE, *finement.*

Elle vous l'a donc défendu?

HENRI, *avec humeur.*

Eh ! non, au contraire... quand son mari sera absent... Heureusement, il ne la quitte jamais.

MARGUERITE, *vivement.*

Il va partir.

HENRI.

Pas possible !

MARGUERITE.

A l'instant même... pour un message de l'Empereur... Voyez comme cela se rencontre ! et quel bonheur !

HENRI, *avec colère.*

Quel bonheur !... dites-vous...

MARGUERITE.

Eh ! mon Dieu, Henri, vous vous fâchez, et je ne sais pas pourquoi !

HENRI.

Pourquoi? Ah ! c'est qu'il est affreux et cruel que ce soit vous, Madame, vous qui, avec cette tranquillité... ce sang froid...

MARGUERITE.

Vous propose de sauver mon frère... et votre souverain...

HENRI.

Demandez-moi ma vie et mon sang... tout me sera possible... excepté... excepté d'en aimer une autre que vous !

MARGUERITE.

Henri !... Henri, pourquoi me dites-vous cela?...

HENRI.

Parce que je me meurs d'amour.

MARGUERITE.

Eh ! malheureux, croyez-vous donc que je ne le sache pas !

HENRI, *poussant un cri.*

Ah !

MARGUERITE.

Que de fois il m'a fallu fermer les yeux pour ne pas voir des imprudences qui devaient vous perdre... Que d'occasions j'aurais eues de vous disgracier... et de vous bannir !... En ai-je profité?... Et que vous demandais-je, cependant?... de garder le silence, pas autre chose.

HENRI.

Je me tairai... je me tairai...

MARGUERITE.

Il est bien temps maintenant, et dans quelle situation me placez-vous? Me forcer à vous éloigner... quand vous m'êtes si nécessaire !... à me priver de vous... quand je ne peux m'en passer !... Est-ce bien ? est-ce délicat !... Si encore vous étiez soumis, si vous saviez obéir !... Mon Dieu, on n'a pas des exigences si grandes que vous le pensez ; on ne vous commande pas un dévouement sans bornes ; on ne vous oblige pas d'adorer les gens... Il suffit de leur plaire... pas davantage !... Plus... serait mal... et le mérite, Monsieur, est d'exécuter les ordres sans jamais aller au delà.

HENRI.

Je ne sais plus où j'en suis... je ne sais plus rien... si ce n'est que votre volonté sera la mienne.

MARGUERITE, *écoutant.*

Silence !... on parle dans le cabinet de l'Empereur... Partez !... (*Le rappelant.*) Eh ! non, un instant. Et puisqu'il n'y a pas moyen de sortir de Madrid...

HENRI.

Aucun !

MARGUERITE.

Ni d'envoyer en France cet écrit... Rendez-le-moi ! Il est inutile que vous le portiez avec vous, en bonne fortune.

HENRI, *d'un air de reproche.*

Ah ! Madame !...

MARGUERITE, *le demandant.*

Ce papier?...

HENRI, *en tirant un de sa poche.*

Le voici !... non... je me trompais. Le pli est le même... (*Ouvrant le papier.*) Ce si joli conte que vous venez de terminer et que vous m'avez permis de lire. *Ce qui plaît aux dames...* laissez-le-moi, je vous prie !

MARGUERITE.

Et pourquoi?

HENRI.

Pour l'étudier !

MARGUERITE, *haussant les épaules.*

Laissez donc ! (*Lui arrachant le papier.*) Vous n'en avez pas besoin. L'autre maintenant... le papier d'État.

HENRI.

Le voici... Madame... (*Marguerite prend les deux papiers, qu'elle serre avec soin dans son aumônière.*) Mais avant que je vous quitte, promettez-moi du moins...

MARGUERITE.

Je ne promets rien. C'est déjà beaucoup que je ne me fâche pas. Heureusement pour vous... les affaires d'État nous absorbent tellement, qu'on n'a le temps de rien... pas même de se mettre en colère...

HENRI, *revenant.*

Et si l'Empereur... comme un secret instinct m'en avertit... avait quelques idées... de conquêtes...

MARGUERITE, *haussant les épaules.*

Charles-Quint?...

HENRI.

Pourquoi pas?

MARGUERITE, *de même.*

L'Empereur Charles-Quint !...

HENRI.

Mais enfin, si cela était?...

MARGUERITE, *riant.*

Partez, Henri... partez vite...

HENRI.

Mais cependant, Madame !...

MARGUERITE, *de même.*

Allez-vous-en, vous dis-je !... on sort de son cabinet.

HENRI.

Eh bien, oui !... Dès que Babiéça sera parti, j'irai chez lui, chez Sanchette ; je vous obéirai.

MARGUERITE.

C'est ce que je veux.

HENRI.

Et je me ferai aimer, et plus encore, je tâcherai de l'aimer !... (*Revenant.*) Oui, je l'aimerai.

MARGUERITE, *avec un sourire.*

Pas trop !...

(*Henri lui baise la main et sort par le fond.*)

SCÈNE VIII.

BABIÉÇA, *botté et éperonné, sortant du cabinet sur le second plan à droite;* MARGUERITE, *qui s'est rapprochée du cabinet, sur le premier plan à gauche.*

BABIÉÇA, *à la cantonade.*
C'est un procédé outrageant à mon égard...

MARGUERITE.
Eh mon Dieu, Babiéça, à qui en as-tu?

BABIÉÇA.
C'est-à-dire qu'on ne peut plus se fier à la parole d'un roi.

MARGUERITE.
Et toi aussi qui parles politique?

BABIÉÇA.
Le roi m'avait promis ce matin qu'il ne m'emploierait plus comme courrier de cabinet... et il me fait dire à l'instant même de me tenir prêt à partir dans un quart d'heure pour la France.

MARGUERITE.
En es-tu bien sûr?... pour la France?

BABIÉÇA.
Le pays n'y fait rien! Le terrible... c'est de partir... dans un moment comme celui-ci!... Imaginez-vous, Madame, que tout à l'heure... chez moi...

MARGUERITE, *à part et sans l'écouter.*
Pour la France!...

BABIÉÇA.
Je frappe, point de réponse; je frappe encore, on n'ouvre pas... je vais briser la porte... et seulement alors... arrive en se frottant les yeux... ma femme qui se plaint d'avoir été réveillée en sursaut.

MARGUERITE.
C'est possible!

BABIÉÇA.
Dormir aussi longtemps par un bruit pareil!... (*Avec colère.*) et une odeur de musc et d'ambre!... C'était quelque grand seigneur... qui n'aura eu que le temps de s'enfuir par la fenêtre... Pas d'autre issue!

MARGUERITE.
Quelle vision!...

BABIÉÇA.
Une vision... Justement!... c'est ce que m'a soutenu Sanchette... et faute de pouvoir prouver le contraire... (car je ne le peux jamais, et c'est là surtout ce qui me désole) j'étais resté seul et m'habillais à la hâte de pied en cap pour me rendre aux ordres du roi. J'avais mis mes bottes, mes éperons, et prenais mon chapeau pour sortir!... Or, j'espère cette fois que ce n'est pas une vision, au lieu de mon feutre ordinaire avec une simple gance rouge et jaune, je trouve sous ma main (*Tirant un chapeau de dessous son manteau.*) celui-ci qui n'est pas le mien! Est-ce clair? est-ce évident?

MARGUERITE.
Peut-être!

BABIÉÇA.
Et partir dans ce moment, sans pouvoir tuer quelqu'un!

MARGUERITE.
Eh! qui veux-tu tuer?...

BABIÉÇA, *hors de lui.*
Je n'en sais rien!... puisque je ne le connais pas!...

MARGUERITE, *vivement et à demi-voix.*
Eh bien, moi, je saurai tout! j'en parlerai même à l'Empereur, en secret, s'il le faut!... à une condition... c'est que tu partiras à l'instant sans rien dire!..., car le bruit et l'éclat donneraient l'éveil et empêcheraient de savoir...

BABIÉÇA.
C'est juste!... Combien je vous remercie!

MARGUERITE.
En reconnaissance, je te demanderai à mon tour... un service... un grand service. Tu pars pour la France?...

BABIÉÇA.
Hélas!...

MARGUERITE, *tirant de son aumônière un papier.*
Eh bien, promets-moi de remettre toi-même... fidèlement, et sans en parler à personne... à madame Louise de Savoie, régente de France...

SCÈNE IX.

LES PRÉCÉDENTS, CHARLES-QUINT, *sortant du cabinet à gauche. Il a entendu les derniers mots de Marguerite.*

CHARLES-QUINT, *s'avançant au bord du théâtre.*
Quoi donc... Madame? (*A la voix du roi, Marguerite a remis vivement dans son aumônière le papier qu'elle en avait retiré, et Babiéça s'est reculé à l'écart au fond du théâtre.*)

CHARLES-QUINT.
Quel est ce message dont vous faisiez à Babiéça, notre courrier, l'honneur de le charger, avec de si pressantes recommandations?...

MARGUERITE.
Moins que rien, sire, un conte composé ici par moi, et que j'envoyais à madame la régente de France, ma mère, pour la distraire.

CHARLES-QUINT.
Un conte nouveau composé par vous, à Madrid, et dont le sujet est peut-être emprunté à la cour même d'Espagne?

MARGUERITE.
Je ne dis pas non...

CHARLES-QUINT.
Je suis très-curieux... je l'avoue...

MARGUERITE.
C'est le conte que je dois vous lire demain, sire! Ce serait enlever à Votre Majesté le plaisir de la surprise.

CHARLES-QUINT.
Mais me donner celui d'admirer le premier... (*Marguerite tire le papier de son aumônière et le présente au roi, qui l'ouvre et qui lit.*) *Ce qui plaît aux dames.* Voilà un joli titre... *Ce qui plaît aux dames*, je serais bien embarrassé de le dire.

MARGUERITE.
Vous, sire?... mais nous?...

CHARLES-QUINT.
Eh bien! de grâce, qu'est-ce donc?...

MARGUERITE.
C'est de commander, sire, et d'être maîtresse au logis... ce logis fût-il une chaumière ou un palais!

CHARLES-QUINT.
C'est pardieu vrai!... Et en effet... (*Parcourant le conte.*) C'est développé d'une manière ingénieuse et piquante... (*Lisant toujours.*) Charmant... charmant... J'aurais peut-être préféré que l'héroïne ne convînt pas de son penchant à la domination... et arrivât à son but, sans l'avouer...

MARGUERITE.
Votre Majesté a complétement raison... c'est beaucoup plus fin et surtout plus vrai!

CHARLES-QUINT.
N'est-ce pas? (*Se reprenant.*) au masculin du moins!

MARGUERITE.
Et au féminin aussi!... je m'en rapporte à la reine... que voici!

SCÈNE X.

LES PRÉCÉDENTS, ISABELLE *sortant de la porte du fond, tenant une lettre à la main.*

CHARLES-QUINT, *secouant la tête.*
Oh! la reine... en fait d'avis...

ISABELLE.
N'en aura jamais d'autre que celui de Votre Majesté.

CHARLES-QUINT, *avec une ironie galante.*
J'en étais sûr... et j'aurais traduit d'avance votre réponse... (*Prenant le papier qu'Isabelle lui présente en lui faisant la révérence.*) Voici votre lettre à madame Louise de Savoie...

ISABELLE.
Oui, sire.

CHARLES-QUINT.
A merveille.
(*Le roi s'assied près de la table à gauche, un huissier de la chambre apporte deux flambeaux allumés. Le roi réunit dans une seule enveloppe qu'il fait lui-même, les lettres qu'il a écrites, et celle que vient de lui remettre Isabelle, qui s'est assise de l'autre côté de la table. Puis, s'adressant à Marguerite qui, à droite du théâtre, le suit des yeux.*)

CHARLES-QUINT, *à Marguerite.*
Votre Altesse veut-elle... (*Montrant le conte qu'il tient toujours à la main.*) que je me charge moi-même de cet envoi pour la régente, sa mère... ces dépêches partiront avec les miennes et celle de l'Infante...

MARGUERITE, *hésitant.*
Pour la France!... j'accepte avec reconnaissance... sire... (*S'approchant du roi.*) Mais vous me permettrez auparavant de faire une seule correction à mon ouvrage... celle que Votre Majesté vient de m'indiquer avec tant de tact et de goût!

CHARLES-QUINT, *d'un air rayonnant de plaisir, et donnant le papier à la reine, qui le passe à Marguerite.*)
Vrai Dieu, Madame!... voilà la flatterie la plus exquise qui m'ait été adressée depuis longtemps.

MARGUERITE, *tenant le papier, et se dirigeant vers le guéridon à droite.*
Prenez garde, sire, c'est la flatterie qui perd les rois... mais

cette fois du moins... ce n'est que la vérité.

CHARLES-QUINT.

Toi, Babiéça, approche ici... tu vas faire diligence...

BABIÉÇA, *s'avançant.*

Votre Majesté m'avait promis ce matin...

CHARLES-QUINT.

Tais-toi... tu m'es trop précieux... ton état d'homme marié est une sécurité...

BABIÉÇA.

Pas pour moi, sire.

CHARLES-QUINT.

Pour le service du roi et de l'État.

BABIÉÇA.

Je ne sais pas ce que l'État y gagne... mais moi je sais bien... (*Portant la main à son front.*)

CHARLES-QUINT.

C'est bon... il y aura des indemnités proportionnées.

BABIÉÇA, *secouant la tête.*

Proportionnées!... les galions de l'Espagne n'y suffiront pas...

CHARLES-QUINT.

C'est bon, te dis-je!...

MARGUERITE, *à part.*

O mon frère!

(*Pendant le dialogue précédent entre Charles-Quint et Babiéça, Marguerite s'est approchée du guéridon à droite, en tournant le dos au roi qui est assis devant la table à gauche. Elle remet dans son aumônière le papier où est écrit le conte, en retire l'acte d'abdication de François I*er *et le serre sous une enveloppe qu'elle prend sur le guéridon à droite. Elle met l'adresse à cette enveloppe, puis revient vers Charles-Quint qui est toujours assis devant la table à gauche, à causer avec Babiéça. Elle cherche un bâton de cire que Charles-Quint lui présente galamment; elle cachète son enveloppe devant lui, à sa propre bougie, et lui présente gracieusement son message. Charles-Quint le prend de sa propre main et l'ajoute à ses autres lettres qu'il renferme sous une seule et principale enveloppe.*)

CHARLES-QUINT.

Je remercie Votre Altesse. (*Tout en mettant les derniers cachets à sa dernière enveloppe.*) Toi, Babiéça, tu seras de retour dans dix jours... n'est-ce pas?...

BABIÉÇA.

Plus tôt si je peux, sire.

CHARLES-QUINT.

Bien répondu! et si tu es revenu avant ce terme, nous te ferons compter deux mille doublons. Pars donc... et à l'instant.

BABIÉÇA.

Oui, sire...

(*Babiéça tire de dessous son manteau le chapeau qu'il a tenu caché jusque là, il le met sur sa tête pour se disposer à sortir.*)

ISABELLE, *le regardant.*

Ah! le beau chapeau... pour un courrier.

CHARLES-QUINT.

Superbe, en effet... Eh! par Saint-Jacques, c'est le mien!

MARGUERITE, *gaiement.*

Le vôtre!...

BABIÉÇA, *prêt à sortir, s'arrêtant près de la porte.*

O ciel!

MARGUERITE, *bas au roi.*

Silence... sire...

CHARLES-QUINT, *de même.*

Et pourquoi donc?

MARGUERITE.

Je vous le dirai!

BABIÉÇA, *stupéfait.*

Le roi!...

MARGUERITE, *bas à Babiéça.*

Va-t'en?

BABIÉÇA, *reculant abasourdi, et répétant à chaque fois.*

Le roi!...

MARGUERITE.

Va-t'en!

BABIÉÇA.

Le roi!

MARGUERITE.

Va-t'en... il y va de la tête.

BABIÉÇA.

Je le vois bien!... le roi... le roi lui-même!!!...

MARGUERITE, *le regardant sortir.*

Grâce au ciel, il s'éloigne, et mes dépêches avec lui.

SCÈNE XI.

CHARLES-QUINT, *assis près de la table à gauche*, MARGUERITE, *debout, de l'autre côté de la table à gauche*, ISABELLE, *près de la table à droite.*

ISABELLE.

Qu'est-ce que cela signifie?... je n'y comprends rien... (*Elle va s'asseoir près du guéridon à droite, et prend un ouvrage de tapisserie.*)

CHARLES-QUINT, *à part.*

Elle... je le crois sans peine... (*A Marguerite.*) car moi-même...

MARGUERITE, *à demi-voix et gaiement*

Oh! vous, sire... vous savez très-bien...

CHARLES-QUINT, *s'asseyant devant la table d'échecs.*

Nullement...

MARGUERITE, *s'asseyant en face de lui, et toujours à demi-voix.*

Votre Majesté n'a pas eu aujourd'hui une conférence diplomatique... brusquement interrompue?

CHARLES-QUINT, *arrangeant les échecs sur l'échiquier.*

J'ignore ce que Votre Altesse veut dire, je vous le jure!... c'est la vérité.

MARGUERITE, *arrangeant aussi son jeu.*

Vérité impériale!

CHARLES-QUINT.

Au contraire.

MARGUERITE, *gaiement.*

C'est différent! oh! bien alors... nous pouvons causer tout haut. Vous parliez tout à l'heure, sire, des anecdotes et historiettes que fournirait la cour de Madrid. Il y en a d'admirables que j'ai déjà recueillies, et dont je ferai tour à tour des contes galants, ou mystérieux, ou joyeux, ou inexplicables, y compris *le conte du chapeau*... dont je n'ai pas encore le dénouement.

CHARLES-QUINT, *avançant un pion.*

Si je peux vous y aider...

MARGUERITE.

Très-volontiers!... Imaginez-vous, sire...

ISABELLE, *se levant et s'approchant de Marguerite.*

Une histoire!

MARGUERITE.

Que ce pauvre Babiéça... (*S'arrêtant.*) c'est sous le sceau du secret au moins...

ISABELLE, *écoutant avec curiosité.*

Certainement.

MARGUERITE.

D'ailleurs, il m'a autorisée lui-même à en parler à Votre Majesté.

CHARLES-QUINT, *continuant à jouer aux échecs.*

Eh bien donc?

MARGUERITE, *jouant aussi.*

Eh bien, ce pauvre Babiéça... a trouvé, il y a une heure, enfermé chez lui, un noble et puissant seigneur.

CHARLES-QUINT.

En vérité!

ISABELLE.

Un seigneur de la cour...

MARGUERITE.

Oui... et ce grand personnage, c'est là le piquant de l'aventure, a été obligé, lui et sa grandeur, de descendre par la fenêtre.

CHARLES-QUINT.

Eh! quel est son nom?

ISABELLE.

Quel est-il?

MARGUERITE.

Je n'en sais rien... ni Babiéça non plus. Il ne l'a pas vu! et douterait encore de la trahison, si le galant, dans le trouble d'une retraite précipitée, n'avait emporté le chapeau du mari, lui en laissant, en échange, un autre, d'une richesse et d'une élégance princières!

CHARLES-QUINT, *à part.*

Ah! mon Dieu!

MARGUERITE.

Et ce qui vient compliquer la situation d'une manière admirable... dans un conte!... c'est qu'il se rencontre, on ne sait comment, que ce chapeau...

CHARLES-QUINT, *gaiement.*

Appartenait à l'Empereur, qui se trouve ainsi en jeu sans s'en douter...

ISABELLE.

Est-il possible!...

CHARLES-QUINT.

Et qui, par le plus grand effet du hasard, connaît, seul, le nœud, et mieux encore, le héros de l'aventure.

MARGUERITE.

A vous les honneurs, sire!... à vous le dénouement!...

CHARLES-QUINT, *en riant et en confidence.*

Ce chapeau... est celui qui, par mégarde, m'avait été pris ici, il y a une heure (vous n'en direz rien à personne), par mon nouveau ministre, Guattinara.

ISABELLE, *poussant un cri d'indignation et de dépit.*

Guattinara!

MARGUERITE.

Lui!... chez Sanchette...

CHARLES-QUINT.

Et moi qui le croyais d'une froideur, d'une indifférence dont je lui faisais compliment!

MARGUERITE, *d'un ton de reproche.*

Comment? sire!

CHARLES-QUINT.

Je veux dire que je ne lui croyais aucune passion... mais aucune... Comme on se trompe... en ministres!... c'est effrayant!

ISABELLE, *qui, prête à se trouver mal, s'est appuyée contre la table à droite.*

Ah! c'est indigne!...

MARGUERITE, *souriant.*

Pas tant... il faut de l'indulgence...

CHARLES-QUINT, *en souriant, à Isabelle.*

Eh oui! vous prenez cela trop vivement... tant qu'il n'aura pas d'inclination plus sérieuse que Sanchette... je pardonne!

SCÈNE XII.

CHARLES-QUINT, *à gauche, près de la table, ainsi que* MARGUERITE; ISABELLE, *à droite*, UN HUISSIER, *annonçant.*

L'HUISSIER.

Son Excellence monseigneur le comte de Guattinara.

(*Guattinara entre, et s'avance du côté du roi qu'il salue profondément.*)

ISABELLE, *à part.*

Non, je ne puis le croire encore!

GUATTINARA.

Depuis que j'ai quitté Votre Majesté... je ne me suis occupé... qu'à lui prouver mon zèle...

CHARLES-QUINT, *riant.*

En vérité... ce pauvre Guattinara...

GUATTINARA, *avec fierté.*

Votre Majesté en douterait-elle?

CHARLES-QUINT, *cherchant à retenir sa gaieté.*

Non certes... mais pardonne-moi, mon cher, si je ne peux m'empêcher de rire... ah! ah!

GUATTINARA.

Lorsque je viens parler à Votre Majesté des dangers...

MARGUERITE, *riant.*

Que vous avez courus... Ah! ah! ah!...

CHARLES-QUINT.

Ah! ah! c'est plus fort que moi... parce que quand je te regarde... et que je pense... ah! ah!...

MARGUERITE.

A votre position aérienne... ah! ah!

CHARLES-QUINT.

Ah! ah! ah!

GUATTINARA, *pendant que le roi rit toujours.*

Mais c'est ce qu'il y a de plus sérieux au monde... Ecoutez-moi, sire, écoutez-moi.

CHARLES-QUINT, *étouffant de rire et montrant à Marguerite le chapeau que tient Guattinara.*

Ah!... il l'a encore... l'autre...

GUATTINARA.

Vos ennemis s'apprêtent... à leur tour... à rire... à vos dépens...

MARGUERITE, *de même.*

Celui... du mari... ah!...

(*Tous les deux se mettent à rire.*)

GUATTINARA, *commençant à se déconcerter.*

Ils s'apprêtent... dis-je.

CHARLES-QUINT ET MARGUERITE.

Ah! ah! ah!

GUATTINARA.

Je ne vois pas... ce qui peut causer... une telle gaieté.....

CHARLES-QUINT, *lui montrant de la main sans pouvoir parler.*

Ce chapeau...

GUATTINARA.

O ciel!

MARGUERITE, *riant toujours.*

Qui n'est pas à vous... et que vous avez pris...

CHARLES-QUINT, *de même.*

A ce pauvre Babiéça.

MARGUERITE.

Chez la petite Sanchette.

ISABELLE, *à droite et à demi-voix.*

C'est donc vrai, Monsieur?

MARGUERITE.

Dont vous êtes amoureux.

ISABELLE, *de même.*

C'est donc vrai?

GUATTINARA, *hors de lui.*

Quelle imposture!... quelle trahison!... qui vous a dit...

MARGUERITE, *riant.*

L'Empereur!

CHARLES-QUINT, *riant.*

La princesse!

GUATTINARA, *à Marguerite.*

Ah! vous voulez me perdre... et c'est moi qui vous perdrai... Et vous, sire... vous m'écouterez peut-être, si je vous dis que François Ier, votre captif...

CHARLES-QUINT.

Eh bien?...

GUATTINARA.

Est prêt à vous échapper... si déjà même il n'est hors de votre pouvoir!

CHARLES-QUINT, *se levant.*

Hein!... qu'est-ce que cela signifie?...

GUATTINARA, *à voix haute.*

Que le roi de France a signé en faveur de son fils le Dauphin un acte d'abdication en bonne forme... qu'il l'a confiée à sa sœur Marguerite.

MARGUERITE, *qui s'est levée aussi.*

A moi!...

GUATTINARA.

J'en suis sûr... pour le faire parvenir en France.

MARGUERITE, *à part.*

Ah!....

CHARLES-QUINT, *bas à Guattinara.*

Un acte d'abdication! Tout nous échappe, tout serait perdu!

GUATTINARA.

Rassurez-vous?... je veillais!... tous les courriers ont été arrêtés.....

CHARLES-QUINT.

Très-bien...

GUATTINARA.

Excepté ceux de Votre Majesté...

CHARLES-QUINT.

Et cet acte, où est-il?

GUATTINARA, *bas.*

C'est Marguerite qui l'a sur elle.

MARGUERITE, *regardant Isabelle à droite.*

O mon Dieu!... la princesse qui est sans connaissance!...

CHARLES-QUINT, *avec impatience.*

Dans un pareil moment!...

MARGUERITE, *s'empressant auprès d'elle.*

Appelez donc, ou plutôt, non... (*Montrant son aumônière qu'elle a laissée sur la table à gauche.*) Là, dans mon aumônière... mon flacon, mes sels... cherchez vite!... Trouvez-vous?...

GUATTINARA, *fouillant dans l'aumônière.*

Oui, Madame... voilà!... (*Il donne le flacon au roi qui le donne à Marguerite. Marguerite, tournant le dos au roi et à Guattinara, fait respirer des sels à Isabelle qui peu à peu revient à elle. Pendant ce temps, Guattinara aperçoit à terre un papier qu'il vient de faire tomber de l'aumônière. Il le ramasse, et dit au roi avec un cri de joie :*) Ah! si c'ét

CHARLES-QUINT.

Quoi donc?

GUATTINARA.

Cet acte d'abdication!... (*L'ouvrant et le parcourant.*) Malédiction... ce n'est pas cela?...

CHARLES-QUINT.

Qu'est-ce donc?

GUATTINARA.

Un fabliau... un conte!... *ce qui plaît aux dames...*

CHARLES-QUINT, *étonné et portant la main à son front.*

Comment!... ce conte que tout à l'heure j'ai adressé moi-même à la régente Louise de Savoie, il est encore ici... il n'est pas parti...

MARGUERITE, *à part et les regardant.*

Qu'y a-t-il donc?

CHARLES-QUINT.

Mais alors... qu'ai-je donc... scellé et cacheté de ma main et de mes armes... qu'ai-je donc envoyé moi-même en France... par Babiéça... mon courrier de cabinet?

GUATTINARA.

Le seul qui ait pu partir. (*Regardant Marguerite.*) Ah! regardez... ce coup d'œil rapide... ce sourire qui vient de lui échapper malgré elle... (*Vivement.*) Sire... l'acte d'abdication... est parti pour la France... et c'est Votre Majesté.. qui vient de l'envoyer...

CHARLES-QUINT.

Moi! S'il était vrai!... si l'on s'était joué de moi à ce point!...

MARGUERITE.

Je ne sais, en vérité, ce que veut dire Votre Majesté...

CHARLES-QUINT, *avec colère et lui montrant le papier qu'il tient.*

Mais ce papier,... ce conte, Madame?...

MARGUERITE, *riant.*

Eh bien! sire,... c'est un conte...

CHARLES-QUINT, *de même.*

Eh! oui... Mais, comment se fait-il qu'il soit là,... là,... et non ailleurs?...

MARGUERITE, *de même.*

Eh mais... eh mais, parce que c'est apparemment une copie...

CHARLES-QUINT.

Non,... n'espérez pas me faire prendre le change!... Il y a malgré vous dans tous vos traits.... un air railleur qui décèle la victoire et l'orgueil du triomphe...

MARGUERITE.

Sire,... quelle idée...

CHARLES-QUINT.

Ah! je saurai ce qu'il en est!...Que l'on coure sur les traces de Babiéça...

GUATTINARA.

Il a de l'avance, et va comme le vent...

CHARLES-QUINT.

N'importe!... Mes dépêches,... qu'on me rapporte mes dépêches... La grâce, la faveur qu'on voudra à celui qui me ramènera mon courrier...

MARGUERITE, *à part.*

Heureusement, il est loin!

SCÈNE XIII.

LES PRÉCÉDENTS, BABIÉCA, *s'élançant par la porte du fond.*

TOUS.

Babiéca!

BABIÉCA, *tombant aux genoux du roi.*

Oui, moi!... c'est moi qui viens me livrer à votre colère,... à votre justice;... car j'ai pu croire un instant que Votre majesté...

CHARLES-QUINT.

Réponds!

BABIÉCA, *criant à tout le monde.*

J'avais tort,... j'avais tort,... je le sais, je me le rappelle. L'Empereur n'est pas sorti de son cabinet depuis l'après-midi...

CHARLES-QUINT.

Réponds-moi!

BABIÉCA.

Mais alors, il y en avait un autre..,et la jalousie, la rage, m'ont ramené!...

CHARLES-QUINT.

Où sont tes dépêches?...

BABIÉCA.

Je les ai là;... mais si Votre Majesté savait...

CHARLES-QUINT, *avec colère.*

Tes dépêches!...

BABIÉCA.

Les voici...

MARGUERITE.

Tout est perdu!

CHARLES-QUINT, *avec ironie à Marguerite.*

Vous n'êtes plus aussi victorieuse... Madame! (*A demi voix.*) Vous comprenez qu'il faut que je vous parle. (*A Babiéca.*) Quant à toi, je te pardonne,... va-t'en! va-t'en!

ISABELLE, *bas à Guattinara.*

Il faut me rendre mes lettres, Monsieur.

GUATTINARA.

O ciel!

ISABELLE, *de même.*

Dès demain!... je les veux...

CHARLES-QUINT.

Laissez-nous, je vous prie.

(*Guattinara et Babiéca sortent par la porte du fond, Isabelle par la porte à droite.*)

SCÈNE XIV.

CHARLES-QUINT, *assis à droite*, MARGUERITE, *debout.*

CHARLES-QUINT, *après un instant de silence, et montrant à Marguerite le papier cacheté qu'il tient encore à la main.*

Eh bien, Madame!... ceci renferme-t-il, oui ou non, quelque trahison? C'est à vous que je m'en rapporte... Qu'avez-vous à répondre?

MARGUERITE.

Rien.

CHARLES-QUINT, *jetant le papier sur la table.*

Ainsi vous m'avez, non pas trompé... je le pardonnerais peut-être,... mais joué;... moi!... l'Empereur!

MARGUERITE.

Si Dieu m'avait accordé la force et le courage,... ce n'est pas ainsi que j'eusse défendu mon frère et la France. Je suis femme! pour protéger et sauver tout ce que j'aime, je me sers des seules armes que le ciel m'ait données: La ruse et l'adresse. Mais s'il faut plus tard souffrir pour moi ou les miens, s'il faut par l'énergie et la patience, par la douleur de tous les instants, vous montrer ce que peut une femme, vous pouvez me mettre à l'épreuve, Sire, et vous verrez!

CHARLES-QUINT, *se levant.*

Ne croirait-on pas, à vous entendre, que je vais vous charger de fers?... Rassurez-vous... je me contenterai de déjouer et d'empêcher cette comédie d'abdication.

MARGUERITE.

Une comédie!... Ah Sire! si vous ne comprenez pas ce qu'il y a d'héroïque et de sublime dans ce roi qui renonce à sa couronne, pour sauver son honneur, son peuple et son pays!... je plains Votre Majesté, et plus encore... l'Espagne!

CHARLES-QUINT.

Madame!...

MARGUERITE.

Oui, jamais le roi de France n'a été plus digne du trône que le jour où il en descend ainsi... Et si j'étais Charles-Quint, je ne voudrais pas que, du fond de son cachot, François Ier, vaincu, se relevât plus grand que son vainqueur!

CHARLES-QUINT, *à part, la regardant.*

Vrai Dieu!... elle est belle ainsi! (*Haut.*) Eh bien, madame, si, comme vous le dites, vous étiez Charles-Quint... voyons! que feriez-vous?

MARGUERITE.

Moi!...

CHARLES-QUINT.

Vous qui êtes de si haut jugement et de si bon conseil... parlez?

MARGUERITE.

Charles-Quint ne m'entendrait pas.

CHARLES-QUINT.

Peut-être!... il l'essaiera du moins!

MARGUERITE.

Eh bien! maître d'un immense empire... qui ne peut que perdre en forces ce qu'il gagnera en étendue, je ne songerais plus à l'agrandir, mais à le consolider.

CHARLES-QUINT.

Ce serait peut-être plus sage!

MARGUERITE.

Pour consolider ma puissance, je voudrais l'entourer d'alliances fortes, durables; or, il n'y a de durée que dans des alliances honorables...Un traité humiliant n'est qu'une halte, pour reprendre haleine, compter ses forces et saisir ses armes.

CHARLES-QUINT.

Bien! Marguerite, et après?

MARGUERITE.

Je voudrais donc avoir de l'autre côté des Pyrénées, non un ennemi qui attend... mais un allié qui est prêt, et pour qu'il fût toujours prêt à me défendre, je m'arrangerais pour qu'il eût honneur et intérêt à le faire. Que si, d'aventure, c'était là pour Charles-Quint de la politique trop simple, politique de femme et de ménage; qui fait les peuples heureux et les rois obscurs... que si, à vous, météores brillants et terribles, qu'on appelle des grands hommes, il vous faut de l'éclat sur votre passage... je vous dirais: C'est l'Orient, ce sont les infidèles qui menacent en ce moment la gloire, les arts et la civilisation de l'Europe... c'est l'Orient, c'est Soliman, qui vous offre un rival digne de vous... Eh bien! que Charles-Quint et François Ier s'unissent, comme Philippe-Auguste et Richard, pour cette nouvelle croisade, et que, se touchant dans la main, comme frères d'armes, ils oublient leurs injures pour sauver la chrétienté!... Voilà ce que je ferais si j'étais Charles-Quint.

CHARLES-QUINT.

Conseils qui me semblent très-bons et très-beaux.

MARGUERITE.

Mais que vous ne suivrez pas.

CHARLES-QUINT.

J'avais fait plus encore... tenez! (*Décachetant l'enveloppe qu'il avait jetée sur la table, et en retirant différents papiers.*) à moi cet acte d'abdication!... à vous cette lettre que j'adressais à Louise de Savoie, votre mère, régente de France..... (*Pendant que Marguerite parcourt la lettre.*) Vous voyez que je lui écrivais de vous envoyer tous ses pouvoirs, à vous... à vous seule... pour discuter d'abord les bases d'un traité...

MARGUERITE, *à part.*

O ciel!... (*Lisant à voix basse.*) dont la première condition eût été une alliance entre le roi d'Espagne... et la sœur de François Ier.

CHARLES-QUINT.

Alliance dont il avait déjà été question il y a quelques années.

MARGUERITE, *troublée et rendant la lettre.*

Mais qui, par malheur, devenait impossible... d'après vos engagements avec le roi Emmanuel et l'Infante, votre fiancée!

CHARLES-QUINT.

La politique a des privilèges... (*Geste de reproche de Marguerite. Souriant.*) que n'eût pas, je le vois, approuvés mon sage conseiller! et son avis, qui vaut peut-être mieux que le mien, me prouve, une fois de plus, que j'avais raison de vouloir m'assurer à jamais l'appui et les conseils d'une femme de tête, d'une femme de cœur; d'une vraie Reine!... Ecoutez, Princesse; après ce qui vient de se passer et de se dire entre nous, nous ne pouvons plus être qu'ennemis implacables ou amis à jamais!... Eh bien, sans envoyer cette lettre à votre mère, sans mettre personne en tiers dans une pensée... dans un rêve peut-être, qui ne sortira pas des murs de ce palais, et doit rester entre nous, je vous dis encore: Marguerite, voulez-vous être reine d'Espagne?...

MARGUERITE, *poussant un cri d'étonnement.*

Moi!... (*A part, avec joie.*) O mon frère!... (*S'arrêtant avec douleur.*) O Henri!... Henri!

CHARLES-QUINT.

Eh bien?...

MARGUERITE, *dans le plus grand trouble.*

Sire... Sire... un honneur si grand... si inattendu...

CHARLES-QUINT, *avec joie.*

Vous cause en effet une émotion... dont je veux vous laisser le temps de vous remettre. Demain, à deux heures, vous me direz votre réponse. Mais songez seulement que c'est le secret de l'État... (*Montrant du doigt son front.*) et qu'il doit rester...

MARGUERITE, *portant la main à son cœur.*

Là, je vous le jure, Sire. (*Charles-Quint lui baise la main, à part.*) O mon Dieu, inspire-moi!...

CHARLES-QUINT, *saluant.*

A demain.

(*Marguerite s'appuie, chancelante, sur un fauteuil à gauche, Charles-Quint sort par la droite.*)

ACTE QUATRIÈME.

(Les petits appartements de la reine. — Porte au fond. — Deux portes latérales. — A droite, au premier plan, une table sur laquelle est un livre d'heures.)

SCÈNE PREMIÈRE.

MARGUERITE, *assise à droite.*

Ah! quelle nuit j'ai passée! qu'elle a été longue! Pardonne-moi, mon bon frère, si toi seul n'as pas occupé ma pensée... Ce pauvre d'Albret!

SCÈNE II.

HENRI, MARGUERITE.

HENRI.

J'accours à vos ordres, princesse.

MARGUERITE.

Eh! mais, quel air joyeux! Qu'avez-vous donc?

HENRI.

L'aventure la plus bizarre... la plus piquante... ce sera le plus joli de vos contes!... je riais, en venant, à l'idée seule de vous en avoir fourni le sujet. Et malgré les dangers que j'ai courus...

MARGUERITE.

Parlez, parlez vite...

HENRI.

J'avais interrogé Sanchette sur ce qu'il nous importait de savoir, sur la beauté mystérieuse, et ses visites nocturnes à la tourelle... La pauvre enfant m'avait juré, par sa patronne, qu'elle ignorait ce que cela voulait dire, qu'elle n'en avait pas la moindre idée;... et moi qui trouvais indigne de la tromper plus longtemps... je m'étais jeté à ses pieds, lui avouant que je ne pouvais l'aimer, car j'en aimais une autre. — « Je sais, je sais, s'est-elle écriée, une « princesse!... » et à ce sujet une foule de suppositions et d'extravagances.

MARGUERITE.

Lesquelles, Monsieur, lesquelles?

HENRI.

Jusqu'à prétendre que vous, Madame, vous aussi... Des choses absurdes... impossibles... lorsque soudain l'escalier retentit sous un pied ferme et vigoureux. « C'est le pas de mon mari, s'écrie Sanchette en pâlissant... Comment cela se fait-il... lui qui dans ce moment galope sur la route de France!... » Mais le doute n'était plus possible, car Babiéca frappait et criait déjà comme un aveugle... ou plutôt comme un borgne qu'il est. Ouvrez, Sanchette... c'est moi!... — « Vous! s'exclame Sanchette, avec une présence « d'esprit admirable... vous. Jésus Maria... au moment même où « je rêvais de vous! » — Puis elle me fait signe de me placer contre la porte, qu'elle va intrépidement ouvrir, et au moment où Babiéca se présente, elle pose rapidement sa main sur le seul œil qui lui reste... en s'écriant, avec la sollicitude conjugale la plus tendre: Répondez, répondez-moi, de grâce!... Y voyez-vous de l'autre œil? Je rêvais, quand vous avez frappé, que vous veniez de le recouvrer, par l'intercession de saint Christophe, votre patron. « Eh! non, s'écrie Babiéca avec humeur... je n'y vois ni de celui-ci, ni de l'autre, que vous me tenez fermé... » Et, en effet, il ne m'avait pas aperçu me glissant derrière lui et descendant l'escalier. — Qu'en dites-vous, Madame, n'est-ce pas sublime?... et pourtant Votre Altesse ne rit pas.

MARGUERITE.

Non... car je pensais à un autre conte... dont vous me parliez hier... celui où un pauvre gentilhomme aime une grande dame à en mourir.

HENRI.

Est-ce que le conte serait fini?... Dites-le-moi, de grâce?

MARGUERITE.

Je ne l'ose...

HENRI.

Vous n'osez!... Il finit donc d'une manière bien malheureuse?

MARGUERITE.

Oui; le pauvre jeune homme va tant souffrir!...

HENRI, *tremblant.*

Qu'importe! si c'est pour cette grande dame? Mais elle, elle?

MARGUERITE.

Elle?... rien qu'à le regarder, ses yeux se remplissent de larmes... car elle ne sait comment lui dire qu'il faut se séparer...

HENRI.

Moi... vous quitter!... Vous n'avez donc plus besoin de mon sang, ni de ma vie, puisque vous repoussez cet amour qui me faisait trouver des délices à être blessé pour vous, à être captif pour vous!

MARGUERITE, *l'interrompant, froidement.*

Henri, on m'offre la liberté de mon frère... de votre roi... et une paix honorable pour la France...

HENRI.

Comment cela?

MARGUERITE.

Vous aviez vu plus juste que moi. Ce que je ne croyais qu'un jeu, était réel. Cette couronne, que j'avais déjà refusée... le roi d'Espagne me l'offre encore aujourd'hui.

HENRI, *cachant sa tête dans ses mains.*

Ah! que m'avez-vous dit?...

MARGUERITE.

Prononcez vous-même.

HENRI, *après un instant de silence, et baissant les yeux.*

Hésiter serait un crime!

MARGUERITE.

Et j'ai hésité cependant!

HENRI, *poussant un cri de joie.*

Ah!

MARGUERITE.

Écoutez-moi, Henri! Élevée sur les marches du trône, je l'ai vu de trop près pour en être éblouie, et je n'ai jamais eu qu'un désir, celui d'en descendre et de m'en éloigner. Le malheur seul m'y retient, le malheur de tous les miens; mais mon ambition et mon espoir à moi, c'était qu'en récompense de sa liberté et de son royaume rendus, François Ier, mon frère, me permettrait de vivre au sein de la solitude, de l'amitié et des arts, me laissant libre de disposer de mon cœur et de ma main; et celui que j'aurais choisi, croyez-le bien, n'aurait été ni un empereur ni un roi; il n'aurait porté ni sceptre, ni couronne, mais un cœur loyal et généreux, et m'aurait aimée surtout d'un amour véritable et sincère; voilà les rêves que j'avais formés, et vous comprendrez maintenant qu'on hésite à y renoncer!

HENRI, *avec désespoir.*

Ah! Je comprends seulement que je suis le plus malheureux des hommes!

MARGUERITE, *vivement.*

Mais avoir pu délivrer son frère et son roi, avoir pu sauver son pays, et ne pas l'avoir fait, serait une honte et un remords à flétrir jusqu'au bonheur même. Ainsi, loin d'affaiblir mon courage, qui malgré moi me fait faute... vous le soutiendrez... en me cachant votre désespoir... et vous exécuterez exactement mes ordres... les derniers que je vous donnerai.

HENRI.

Commandez, madame...

MARGUERITE.

Demain mon frère sera libre! demain le roi partira pour son royaume, pour son pays. Vous le suivrez, vous ne le quitterez pas! Vous le servirez loyalement et fidèlement en mémoire de sa sœur... et surtout, vous me le jurez, vous ne reviendrez point en Espagne... vous ne chercherez jamais à me voir... Je vais vous dire pourquoi : c'est que Marguerite vous aimait et vous aimera toujours!

HENRI.

Ah! madame!...

MARGUERITE.

Partez, partez maintenant; l'honneur vous y condamne!

HENRI.

Mais vous quitter, c'est mourir!...

SCÈNE III.

LES PRÉCÉDENTS, BABIÉCA, *entrant par la porte du fond.*

MARGUERITE.

Henri! Henri!... (*Se retournant d'un air riant vers Babiéca.*) Qu'est-ce, Babiéca?

BABIÉCA.

Madame?...

MARGUERITE.

N'y a-t-il pas ce matin un sermon d'un prédicateur célèbre?

BABIÉCA.

Le révérend Texada; oui, madame, toute la cour doit y assister.

MARGUERITE.

Et tu viens me prévenir...?

BABIÉCA.

Il y a encore trois quarts d'heure d'ici là! mais l'empereur que je viens d'habiller et que je n'ai jamais vu dans un état d'impatience pareille... pas même le jour où il s'agissait d'être élu empereur d'Allemagne!... l'empereur m'a déjà demandé trois fois l'heure qu'il était, et il prie Votre Altesse de vouloir bien l'honorer de sa présence.

MARGUERITE, *regardant Henri.*

J'obéis! (*Elle se dirige vers le fond, Henri la suit vivement; elle l'arrête du geste.*)

HENRI.

Adieu, madame, adieu pour toujours! (*Il jette un dernier regard sur Marguerite, qui sort par la porte du fond, et lui par la porte à gauche.*)

SCÈNE IV.

BABIÉCA, *seul, regardant sortir Marguerite et Henri.*

Par notre dame del Pilar, Sanchette a raison. Je ne sais pas où elle découvre tout ce qu'elle apprend! Ce matin encore elle me disait avec un ton de colère : Vous êtes jaloux de tout le monde, même de M. d'Albret, et il adore une grande dame, la princesse Marguerite... il en est aimé!... Allons donc, disais-je en haussant les épaules;... et depuis que je viens de les voir... là, tous les deux ensemble, je répète : Sanchette a raison!... toujours raison! (*Se retournant et apercevant Éléonore, qui s'avance en regardant autour d'elle.*) Ah! notre jeune et royale maîtresse!

SCÈNE V.

BABIÉCA, ÉLÉONORE.

ÉLÉONORE, *à Babiéca, qui la salue respectueusement.*

On m'avait dit que la princesse Marguerite était ici, dans les petits appartements de la reine... L'as-tu vue?

BABIÉCA.

Elle vient d'en sortir tout à l'heure...

ÉLÉONORE.

Sais-tu si elle ira aujourd'hui au sermon?

BABIÉCA.

Il me semble que telle est son intention... (*Regardant sur la table à droite*) Et voici justement son missel... là, sur cette table!

ÉLÉONORE.

Oui, ce missel aux armes de France, ce livre d'heures que j'admirais tant... (*Après un instant de silence.*) Laisse-moi! (*Elle s'assied près de la table.*)

BABIÉCA *fait quelques pas, revient, et dit à voix basse :*

Est-il vrai, comme on le disait, que Votre Altesse songerait à entrer au couvent?

ÉLÉONORE.

Dès demain tout sera fini pour moi!... mais si d'ici là je puis être utile à toi... (*Regardant autour d'elle avec inquiétude.*) ou à tout autre...

BABIÉCA, *s'inclinant.*

Ah! madame!... (*Se relevant.*) Il se peut qu'en effet j'aie à demander à Votre Altesse...

ÉLÉONORE, *lui faisant signe de la main.*

Plus tard... Adieu!... (*Babiéca s'éloigne par la première porte à gauche, celle des appartements du roi.*)

SCÈNE VI.

ÉLÉONORE, *seule.*

(*Dès que Babiéca est sorti, elle regarde autour d'elle avec précaution, prend le missel qu'elle ouvre, tire de sa poche une lettre qu'elle met dans le livre, place le missel tout au bord de la table, et fait quelques pas vers la porte du fond.*)

ÉLÉONORE.

Marguerite!... et l'empereur!... (*Elle disparaît par la porte de droite qui est sur le second plan.*)

SCÈNE VII.

CHARLES-QUINT, *entrant par le fond, donnant le bras à Marguerite.*)

CHARLES-QUINT, *à Marguerite.*

Pourquoi, madame, ce trouble et cette émotion?... Qu'avez-vous encore à craindre, quand tout est d'accord entre nous?

MARGUERITE.

Je ne sais comment reconnaître votre générosité, sire; mon frère libre... la paix avec la France...

CHARLES-QUINT.

Ce sera la dot de Marguerite.

MARGUERITE.

Vous m'avez promis aussi qu'Éléonore votre sœur ne serait pas le prix de la trahison, et qu'elle n'épouserait pas le connétable?

CHARLES-QUINT.

Vous lui annoncerez cette bonne nouvelle, ce matin, en allant au sermon du révérend Texada, où elle doit se rendre avec nous. Votre Altesse a-t-elle encore autre chose à me demander?

MARGUERITE.

Plus qu'un mot, sire!... Dans le traité dont vous m'avez fait l'honneur de me communiquer les bases, il y a un point... un seul qui reste indécis. (*Charles-Quint l'invite à s'asseoir à gauche du théâtre et s'assied près d'elle.*)

CHARLES-QUINT.

Voyons! j'aime beaucoup à causer politique avec vous.

MARGUERITE.

Il y a entre les deux royaumes, entre la France et l'Espagne, un petit pays, la Navarre, qui ne saurait appartenir à la France.

CHARLES-QUINT, *vivement.*

C'est vrai... très-vrai!...

MARGUERITE.

Il ne serait pas juste, non plus, qu'il appartînt à l'Espagne!

CHARLES-QUINT, *hésitant.*

C'est... moins vrai!... mais cependant c'est vrai!

MARGUERITE.

Il me semble qu'on ferait disparaître à l'avenir tout prétexte de discorde, en créant un État indépendant, protégé des deux côtés des Pyrénées par deux grandes puissances.

CHARLES-QUINT.

D'accord,... mais cet État indépendant, la difficulté serait de lui donner un maître!

MARGUERITE.

Des maîtres, on en trouve toujours! Il y a un descendant des anciens comtes de Béarn et de Navarre, Henri d'Albret, qui a fait ses preuves à Pavie.

CHARLES-QUINT.

Contre nous!

MARGUERITE.

J'ai tant de confiance en votre générosité, que j'ai pensé que ce serait là une des raisons qui vous décideraient! Ai-je eu tort, Sire?

CHARLES-QUINT.

Non, la valeur est un titre qui a parfois suffi pour faire souche royale, et si tel est votre avis...

MARGUERITE *s'incline en guise d'assentiment, et dit à part.*

Pauvre Henri!... ne pouvant le faire heureux... je l'aurai fait roi...

CHARLES-QUINT, *cherchant ses tablettes.*

Voulez-vous que nous rédigions ensemble cet article?

MARGUERITE, *prenant les tablettes.*

Vous dicterez, Sire, et j'écrirai.

SCÈNE VIII.

MARGUERITE ET CHARLES-QUINT, *assis près l'un de l'autre à la gauche du théâtre.* GUATTINARA, *entrant par le fond.*

GUATTINARA, *stupéfait.*

Ciel!... l'Empereur, en tête-à-tête avec Marguerite!

CHARLES-QUINT, *se retournant au bruit.*

Ah! c'est toi, Guattinara? Entre et attends.

(*Marguerite et Charles-Quint, assis à gauche du théâtre, causent à voix basse en ayant l'air de se faire mutuellement quelques observations.*)

GUATTINARA, *loin d'eux, debout, à droite du théâtre.*

Et ne pouvoir deviner ce qu'ils se disent!... c'est à en perdre la tête... et ma charge, peut-être;... car c'est ma ruine que l'on médite!... Hier favori, aujourd'hui disgracié!... Il n'a fallu pour cela qu'un mot d'une femme!... Ah! je trouverai moyen de me réconcilier avec la reine!... Puisqu'elle me redemande ses lettres... tantôt, à l'heure ordinaire, elle me verra... Je presserai, je prierai, je pleurerai même s'il le faut!...

CHARLES-QUINT.

Holà! quelqu'un! (*Babiéca sort du cabinet à gauche.*) Que l'on voie à nous trouver monsieur le comte d'Albret, et qu'on le prie de vouloir bien venir.

(*Babiéca s'incline, sort par la porte à droite et rentre quelques instants après.*)

CHARLES-QUINT, *s'adressant à Guattinara.*

Toi, Guattinara, approche, et surtout pas un mot, pas une réflexion sur les ordres que je vais te donner. Je ne te permets rien... que de les exécuter avec zèle et discrétion. Tu feras préparer, en sortant d'ici, le plus bel appartement du palais pour notre frère et allié le roi de France.

GUATTINARA, *à part.*

O ciel!... Marguerite l'emporte!

CHARLES-QUINT.

De plus, tu vas à l'instant même, et sous mes yeux, écrire au roi de Portugal que les impérieuses nécessités de ma politique ne me permettent pas, à mon grand regret, de donner suite à notre projet d'alliance entre nos deux maisons.

GUATTINARA, *vivement.*

Comment, Sire, il serait possible!...

CHARLES-QUINT, *gravement.*

J'ai défendu, Guattinara, la moindre réflexion. Nous ne sommes pas ici au conseil; je ne discute pas, je commande.

GUATTINARA, *à part.*

Quels regards sévères!... Est-ce qu'il se douterait de quelque chose?... est-ce que Marguerite... toujours Marguerite... aurait découvert cet amour-là comme celui de Sanchette?

(*Sur un geste du roi, il s'assied devant la table à droite et écrit.*)

CHARLES-QUINT, *à Babiéca qui rentre en ce moment par la porte à droite.*

Tu te tiendras prêt, Babiéca, à partir à l'instant pour Lisbonne.

BABIÉCA, *étonné.*

Moi, Sire!...

CHARLES-QUINT.

Cela te contrarie?...

BABIÉCA.

Non, Sire,... parce que maintenant je n'ai plus d'inquiétudes... Sanchette m'a expliqué la chose d'une manière si simple...

CHARLES-QUINT, *riant.*

Ah! ah!...

BABIÉCA.

Votre Majesté avait décidé qu'elle porterait désormais les couleurs de la nouvelle reine...

CHARLES-QUINT.

C'est vrai!

BABIÉCA.

Et alors on l'avait chargée de mettre un nouveau nœud de rubans au chapeau de Votre Majesté.

CHARLES-QUINT.

C'est l'exacte vérité!

BABIÉCA, *vivement.*

J'en étais sûr,... et malgré cela, cela me fait plaisir que le roi me l'ait dit... (*Se retournant vers Guattinara qui écrit à la table à droite, et parlant à haute voix.*) Le roi, au moins, est rassurant...

CHARLES-QUINT, *lui faisant signe de la main de se taire.*

C'est bon, cela suffit!...

(*Il se remet à causer bas avec Marguerite, et pendant ce temps Babiéca s'adresse à demi-voix à Guattinara.*)

BABIÉCA.

Le roi est rassurant!... ce n'est pas comme vous, seigneur Guattinara, qui êtes toujours à m'effrayer et à me dire: Prenez garde!... Encore hier, monsieur Henri d'Albret dont vous me disiez de me défier...

GUATTINARA, *à part, haussant les épaules.*

Parbleu!

BABIÉCA, *à demi-voix et avec satisfaction.*

Il songe bien à ma femme! il en aime une autre! le brave jeune homme! une autre bien plus belle, Madame Marguerite!

GUATTINARA.

Que dis-tu?

BABIÉCA.

Sanchette en est sûre, et moi aussi...

GUATTINARA, *vivement.*

Sanchette...

BABIÉCA.

Oui!

GUATTINARA, *se levant et à part.*

Quand la disgrâce est certaine, on peut tout risquer... (*A voix basse à Babiéca, avec un geste impératif.*) Quoi que tu entendes, sur ta tête et sur celle de ta femme, tais-toi?

BABIÉCA, *effrayé et à voix haute.*

Moi!...

CHARLES-QUINT, *se retournant.*

Qu'y a-t-il?

GUATTINARA.

Une bien terrible nouvelle, sire, que m'annonce Babiéca; on dit que par désespoir le jeune comte d'Albret vient de se donner la mort.

MARGUERITE, *se levant vivement et se soutenant à peine.*

Ah!

SCÈNE IX.

LES PRÉCÉDENTS, HENRI D'ALBRET.

HENRI, *entrant par la porte de droite.*

Sire!...

MARGUERITE, *l'aperçoit et jette un cri perçant.*

Henri!... (*Elle passe devant le roi et Guattinara, et s'élance vers d'Albret.*) Henri!... (*Puis elle s'arrête et reste immobile au milieu du théâtre.*)

(*Henri qui, en entendant son cri de terreur, avait couru à elle, s'arrête également. Les acteurs sont dans l'ordre suivant, à commencer par la gauche :* GUATTINARA, *le* ROI, HENRI, MARGUERITE, BABIECA.)

CHARLES-QUINT, *s'approchant de Guattinara et fronçant le sourcil en montrant Henri.*

Eh! le voici!... Qu'est-ce que cela signifie, Monsieur?

GUATTINARA, *à demi-voix.*

Votre Majesté avait défendu à son fidèle serviteur la moindre objection, il a essayé, sans parler, d'éclairer son roi. Que le roi... observe et juge!

CHARLES-QUINT, *fait un geste de surprise et de colère. Puis il prend sur lui, se contient, passe entre Marguerite et Henri qu'il observe quelques instants en silence, et enfin, s'adressant à d'Albret :*

Monsieur d'Albret, vous descendez des anciens comtes de Béarn et de Navarre. Nous avons quelque intention d'ériger cette province en royaume et de vous en donner l'investiture...

GUATTINARA, *à part.*

Serait-ce possible!...

CHARLES-QUINT.

Que dites-vous de cette idée?

HENRI.

Je remercie Votre Majesté d'un tel honneur... mais je n'ai ni assez d'ambition pour le désirer, ni assez de mérite pour l'accepter.

CHARLES-QUINT.

Ah!... vous n'avez pas d'ambition... vous!... (*A Marguerite.*) Cela fait supposer alors qu'une autre passion l'absorbe tout entier... passion profonde!...

MARGUERITE, *avec trouble.*

Je pense comme Votre Majesté.

CHARLES-QUINT, *la regardant attentivement.*

Dans ce cas, il est rare qu'on dévoue ainsi toute son existence... à une recherche ingrate et stérile... qui ne serait couronnée d'aucun succès... Ne le pensez-vous pas, Madame?...

(*Marguerite veut répondre, mais sous le regard du roi qui l'observe... elle se trouble et garde le silence. Charles, après avoir jeté un dernier coup d'œil sur Marguerite et sur Henri, s'adresse froidement à son ministre.*)

CHARLES-QUINT.

Guattinara, le roi de France ne quittera pas sa prison, et tu n'écriras pas au roi de Portugal!

GUATTINARA, *à part.*

Enfin, et non sans peine, je l'emporte!

CHARLES-QUINT, *s'approchant de Marguerite et à demi-voix.*

Charles-Quint ne se plaindra pas! Où d'autres verraient peut-être un sujet de reproches, il ne verra qu'un nouveau sujet d'admiration! Vous vous immoliez pour votre frère, Madame, c'est beau, c'est magnanime! mais je n'accepte point de sacrifices. De tout ce qui est arrivé depuis hier, je ne conserverai ni trace, ni souvenir; ce n'est pas même du passé! c'est un songe, et chacun de nous, au réveil, reprend son rôle et ses droits.

SCÈNE X.

LES PRÉCÉDENTS, ÉLÉONORE, *tenant un missel à la main.*

ÉLÉONORE.

Mon frère, je venais annoncer à Votre Majesté et à Son Altesse que voici l'heure du sermon.

CHARLES-QUINT, *lui donnant la main.*

Je vous suis.

(*Éléonore montrant à Babiéca le missel qu'elle même tient à la main, lui fait signe de porter à Marguerite celui qui est sur la table à droite. Babiéca va le prendre, le présente avec respect à Marguerite qui le reçoit sans le regarder et remercie d'un signe de tête Babiéca.*)

ÉLÉONORE.

Venez-vous, Madame?

MARGUERITE.

Oui, (*A part et joignant ses mains, dont l'une tient le missel.*) elle a raison!... Allons remercier le ciel, car, grâce à lui, je ne suis plus reine d'Espagne! (*Elle baisse ses mains en ouvrant le missel à l'endroit où est placée la lettre.*) Grand Dieu!

(*Éléonore, qui a vu le mouvement, fait un geste de joie, présente sa main à Charles-Quint et sort avec lui, suivie de Guattinara et de Babiéca.*)

SCÈNE XI.

MARGUERITE, D'ALBRET.

MARGUERITE, *remonte le théâtre, s'assure que l'empereur est disparu et redescend vers Henri.*

Henri, savez-vous ce qui vient de s'offrir à mes yeux!... là... dans ce missel... une lettre... de mon frère.

HENRI.

Du roi de France!

MARGUERITE.

Voyez plutôt?... (*Regardant autour d'elle si on ne vient pas les surprendre.*) Lisez...

HENRI, *lisant.*

« Je viens de faire une importante découverte qui peut servir à « ma délivrance. Le tableau de saint Pacôme qui décore ma pri- « son communique avec l'oratoire de l'Empereur. Le difficile était « de te l'apprendre. Mon bon ange, ma belle inconnue, qui venait, « disait-elle, me faire d'éternels adieux, ne peut deviner la pen- « sée qui m'occupe, mais elle voit ma peine et me promet de te « faire parvenir cette lettre; tâche alors, à tout prix, de savoir « qui elle est... »

MARGUERITE, *à demi-voix.*

Eh, oui vraiment!... si on la connaissait...

HENRI, *de même.*

Tout serait sauvé!

MARGUERITE.

On s'entendrait avec elle!

HENRI.

On parviendrait par elle à cet oratoire,... et de là à la prison du roi.

MARGUERITE.

Et une fois en communication avec lui...

HENRI.

On aurait mille moyens de le faire évader!

MARGUERITE.

Ce qui vaudrait mieux qu'une abdication!...

HENRI.

Et surtout qu'un mariage avec le roi d'Espagne!

MARGUERITE.

Oh! oui,... Henri, oui,... mais le messager est invisible et l'on dirait de la sorcellerie...

HENRI, *souriant.*

Si le message n'était pas venu dans un missel,... un missel à vous!

MARGUERITE.

Non, il n'est plus à moi; c'est celui dont j'ai fait présent hier à l'Infante Isabelle, la fiancée du roi.

HENRI, *cherchant.*

L'Infante Isabelle!... En effet, nous sommes ici dans ses petits appartements.

MARGUERITE.

Eh bien!...

HENRI, *de même.*

Est-ce que par hasard?...

MARGUERITE.

Allons donc!... quelle idée!... Attendez...

HENRI.

Eh! quoi donc?

MARGUERITE, *vivement.*

Hier, quand cet acte d'abdication est tombé entre les mains de l'Empereur... Dieu sait quelle était mon émotion... mais celle de l'Infante était plus forte encore... elle s'est trouvée mal!

HENRI.

En vérité! (*Regardant vers le fond.*) C'est elle! Voyez donc quel air triste et préoccupé!... quelle pâleur!

MARGUERITE.

Comment faire pour savoir...? Ma foi, je n'y tiens plus... arrivera ce qu'il pourra... je tenterai l'aventure.

(*Elle fait signe à Henri de sortir. — Henri salue respectueusement l'Infante, et sort.*)

SCÈNE XII.

MARGUERITE, ISABELLE, DAMES D'HONNEUR.

MARGUERITE, *s'approchant d'Isabelle.*

Votre Altesse Royale est bien inquiète... (*A demi-voix.*) Un grand secret la préoccupe...

ISABELLE, *troublée.*

Moi, Madame!...

MARGUERITE, *à part, avec joie.*

Elle se trouble!... (*A voix basse à Isabelle.*) Je sais ce dont il s'agit... je sais tout.

ISABELLE, *avec effroi.*

Ah! grand Dieu!

MARGUERITE, *de même.*

Ne tremblez pas ainsi, ne craignez rien; je ne veux pas vous perdre... au contraire... Renvoyez vos femmes...

ISABELLE, *se retournant vers ses femmes.*

Voici l'heure de la sieste, Mesdames... laissez-nous!... et que personne ne pénètre ici.

(*Toutes les dames sortent par les portes du fond, que l'on referme.*)

SCÈNE XIII.

MARGUERITE, ISABELLE.

MARGUERITE.

Nous sommes seules?...

ISABELLE.

Vous m'avez dit que vous ne vouliez pas me perdre...

MARGUERITE.

Quelle idée!... ne suis-je pas une amie... une sœur... votre sœur... entendez-vous bien?... Tout ce que je veux, c'est de vous sauver... et lui aussi.

ISABELLE.

Merci, merci, madame.

MARGUERITE.

Je viens de sa part...

ISABELLE.

De sa part?...

MARGUERITE.

Oui.

ISABELLE.

Et... pourquoi ne vient-il pas lui-même?...

MARGUERITE, *étonnée.*

Lui-même!...

ISABELLE.

D'autant que je lui avais dit formellement hier... Je veux demain mes lettres...

MARGUERITE, *vivement.*

Vos lettres!... (*A part.*) J'ai fait fausse route. Il s'agit d'un autre... (*Haut.*) Vos lettres!... (*Cherchant.*) Justement... je viens vous dire qu'il n'a pas encore pu vous les apporter... mais plus tard...

ISABELLE, *vivement.*

J'entends!... à l'heure ordinaire... à l'heure de la sieste...

MARGUERITE.

Précisément.

ISABELLE.

Il ne peut tarder... très-bien... N'en parlons plus.

MARGUERITE, *à part.*

Mais si vraiment... (*Haut.*) Je conçois, en effet, qu'un cavalier, tel que celui-là... si jeune... si élégant... si bien...

ISABELLE.

Pas tant.

MARGUERITE, *à part.*

Aie!... n'avançons pas de ce côté-là...

ISABELLE.

La vérité est qu'il m'imposait... qu'il me faisait peur... Il n'était question alors ni d'autre mariage, ni d'alliance royale... Et puis, j'étais seule... sans guide... sans conseil... mais vous voilà, Madame, vous ne m'abandonnerez pas.

MARGUERITE.

Non, sans doute, pauvre jeune fille!... Qui m'aurait dit que j'étais venue pour cela?... N'importe, de la morale, chemin faisant, cela ne peut jamais faire de mal. Vous êtes fiancée... pour ainsi dire mariée; vous avez pour mari un roi, un empereur... Ce n'est pas amusant tous les jours... mais, faute de mieux... il faut s'y tenir... d'autant que les amants, vous le voyez, sont légers...

ISABELLE.

Ah!...

MARGUERITE.

Perfides...

ISABELLE, *se récriant.*

Ah!...

MARGUERITE.

Volages, manquant à la foi des traités, ni plus ni moins que s'ils étaient monarques, et que pas un seul ne vaut le repos, le bonheur, la réputation que l'on compromet pour eux... vous surtout, qui risquez plus que nous encore... vous, reine d'Espagne... Jugez donc!...

ISABELLE.

Ah! Madame...

MARGUERITE.

Rien n'est désespéré; il est temps encore de tout rompre... Il va venir.

ISABELLE.

Et voilà justement ce qui m'effraie... Je préférerais maintenant ne pas le voir...

MARGUERITE.

Très-bien!

ISABELLE.

Ne plus le voir jamais!...

MARGUERITE.

Encore mieux!

ISABELLE.

Voulez-vous le recevoir à ma place?...

MARGUERITE.

Moi!...

ISABELLE.

Reprendre mes lettres?...

MARGUERITE.

Volontiers... (*A part.*) Je le connaîtrai, du moins.

ISABELLE.

Ah! que vous êtes bonne!

MARGUERITE.

Mais un instant!... Vous devez avoir aussi de lui... des lettres... qu'il faut à votre tour lui rendre.

ISABELLE, *les prenant sur elle.*

Oh! certainement... Les voici... les voici... mais, écoutez... On vient... on monte par le petit escalier...

MARGUERITE, *à part.*

Ah! c'est par là qu'il vient d'ordinaire...

ISABELLE.

Dites-lui bien que tout est fini... que je renonce à lui... que je ne veux suivre que vos conseils...

MARGUERITE.

Partez... prudence!... discrétion!...

ISABELLE.

Et dévouement à toute épreuve!... (*Elle sort par la porte du fond.*)

SCÈNE XIV.

MARGUERITE, *puis* GUATTINARA, *entrant par la porte à droite.*

MARGUERITE! *avec impatience et curiosité.*

Qui donc... qui donc?... quel est cet amadis, ce beau ténébreux, ce rival heureux de l'empereur Charles-Quint!...

GUATTINARA, *entrant le dos tourné.*

Elle est seule... avançons...

MARGUERITE.

Guattinara!!!...

GUATTINARA.

Marguerite!!... (*Tous les deux restent un instant immobiles d'étonnement.*)

MARGUERITE.

Ah!...

GUATTINARA, *cherchant à se remettre de son trouble.*

Vous... ici... madame... et comment?...

MARGUERITE.

Je vous attendais!

GUATTINARA.

Je ne comprends pas!

MARGUERITE.

Je vais m'expliquer!... vous veniez à un galant rendez-vous!

GUATTINARA.

Moi!...

MARGUERITE.

Ah! vous y perdez, car on m'a priée de vous recevoir...

GUATTINARA, *avec indignation.*

Par tous les Saints de l'Espagne!...

MARGUERITE.

Vous aviez fait provision de serments, je le sais, mais pas de dénégations, ni de détours diplomatiques; nous n'avons pas de temps à perdre en protocoles. C'est moi qui me suis chargée des intérêts de la reine, pensant que ma présence vous serait plus agréable qu'une autre. On attend de vous des lettres!... (*Tendant la main.*) il me les faut!

GUATTINARA.

Comment... madame?... que signifie?...

MARGUERITE.

Que j'ai en échange vos lettres à vous!... mais je ne vous les remettrai...

GUATTINARA, *tremblant.*

Madame!....

MARGUERITE.

Que quand la signature du ministre aura été vue et approuvée par l'empereur.

GUATTINARA, *épouvanté.*

Grâce! grâce, madame!...

MARGUERITE, *riant.*

Ah! ah! seigneur Guattinara, vous voilà plus mort que vif, vous qui, ce matin, immoliez si lestement les amoureux qui se portaient bien!... Les lettres de l'Infante... je les veux!

GUATTINARA, *après les avoir tendues.*

Je suis perdu!

MARGUERITE.

Non!... vous ne l'êtes point!...

GUATTINARA.

Je comprends... vous voulez, à votre tour, vous défaire d'une rivale...

MARGUERITE.

Non!

GUATTINARA.

Vous voulez que je vous aide à remonter les marches du trône...

MARGUERITE.

Non... je ne veux déplacer personne... pas même vous... je veux qu'on puisse dire que Marguerite a tenu dans sa main tous les secrets de la cour d'Espagne, et n'en a trahi aucun! peu m'importe donc que vous restiez à Charles-Quint... pourvu qu'en même temps vous m'obéissiez.

GUATTINARA.

Moi, Madame... servir à la fois...

MARGUERITE.

Deux pouvoirs? est-ce là ce qui vous effraie?

GUATTINARA.

Mais...

MARGUERITE.

Il faut pourtant vous persuader que vous appartenez maintenant à deux maîtres : l'un, qui serait sans pitié...

GUATTINARA.

S'il savait!...

MARGUERITE.

L'autre...

GUATTINARA.

Qui sait tout.

MARGUERITE.

Et qui promet pardon et oubli... à une condition...

GUATTINARA.

Laquelle?...

MARGUERITE.

Je vous le dirai... votre bras?

GUATTINARA.

Comment?

MARGUERITE.

Votre bras... et maintenant, Monseigneur, marchons!

(*Elle se dirige vers la porte de gauche, Guattinara la suit en se courbant. La toile tombe.*)

ACTE CINQUIÈME.

(Même décor.)

SCÈNE PREMIÈRE.

HENRI D'ALBRET, BABIÉCA.

BABIÉCA.

Oui, Monsieur le comte, j'ignore pourquoi Son Excellence m'avait mêlé à votre prétendue mort... moi qui aurais été désolé de vous tuer!...

HENRI, *souriant.*

Je puis vous attester, du reste, que la nouvelle est fausse.

BABIÉCA.

Grâce au ciel!...

HENRI.

Et vous dites, seigneur Babiéca, que l'Empereur désire me parler... à moi?...

BABIÉCA.

Il vous prie de l'attendre ici, dans les petits appartements de la reine...

HENRI.

Je croyais qu'il y avait ce soir réception.

BABIÉCA.

Il vous verra avant la réception... à sa sortie du conseil, qu'il a fait assembler extraordinairement... et qu'il préside en ce moment.

HENRI, *saluant.*

Je vous remercie, Monsieur.

BABIÉCA.

Heureux de vous prouver mon dévouement.

HENRI.

Eh bien! pourriez-vous me dire, vous qui savez tout... et qui voyez tout... ce qui se passe au palais... ce qu'est devenue Madame la princesse Marguerite... que je ne retrouve plus, et qui est comme disparue?...

BABIÉCA.

Il y a près de deux heures... que je lui ai vu traverser la galerie... appuyée sur le bras de Son Excellence, M. le comte de Guattinara, qui, malgré cela, avait l'air d'assez mauvaise humeur... Mais j'aperçois, Madame la princesse... (*Avec finesse.*) Je pense, Monsieur le comte, que je ferais bien de me retirer...

HENRI.

Vous êtes un homme charmant, seigneur Babiéca!...

BABIÉCA.

L'habitude de la cour! voilà tout. (*Il salue et sort.*)

SCÈNE II.

HENRI, MARGUERITE.

HENRI.

J'étais inquiet de vous, Madame.

MARGUERITE *riant.*

Que voulez-vous? Je ne puis y suffire... la cour d'Espagne me donne tant d'occupations!...

HENRI, *à demi-voix.*

Eh bien!... la dame mystérieuse!...

MARGUERITE.

Nous nous étions trompés!

HENRI.

Quoi! nos idées... sur l'Infante... sur la future reine...

MARGUERITE.

Complétement fausses!... Gardez-vous de la soupçonner!... je vous le défends, entendez-vous? Mais l'appui qui me manquait de ce côté... je l'ai trouvé d'un autre... J'ai maintenant à mes ordres une puissance qui est mon esclave!

HENRI.

Comment cela?

MARGUERITE.

Écoutez, Henri, je vous dirai tout, excepté ce qui n'est pas mon secret, et ce que l'honneur me défend de trahir... Qu'il vous suffise donc de savoir que, tenant la baguette, je n'avais qu'à commander, et que mon premier souhait fut d'être transportée auprès de mon frère.

HENRI.

Vous plaisantez!...

MARGUERITE.

Du tout! J'ai ordonné à mon serviteur de me faire entrer dans l'oratoire de l'Empereur... Et pourquoi? s'est-il écrié, tout stupéfait... Eh! mais, ai-je répondu, pour prier, sans doute, et vous m'y conduirez?... ce qu'il a fait.

HENRI.

Par quel moyen?

MARGUERITE.

En ouvrant la porte dont il avait la clef... Voilà toute la magie!

HENRI.

Et le tableau de saint Pacôme, le ressort secret... vous l'avez trouvé?...

MARGUERITE.

Très-aisément... quand on sait d'avance!... Mais voici une rencontre que je ne cherchais pas! Au moment où je venais de m'élancer bravement dans le couloir étroit et obscur, qui conduit de l'oratoire à la tourelle... ma robe se froisse contre une autre robe... une visite qui sortait!... (*Riant.*) Il y avait ce soir-là réception chez le roi. Moins intrépide que moi... la belle visiteuse... l'inconnue... (c'était elle!) s'arrête, tremblante, et comme si elle sentait ses genoux fléchir, s'appuie un instant contre la muraille. Je me rappelle mon conte du Muletier, je détache de mon corsage un nœud, une agrafe de rubans bleus, que j'accroche à son épaule, témoin mystérieux, indice révélateur, qui peut, tout à l'heure, à la cour, me la faire reconnaître.

HENRI.

J'en doute.

MARGUERITE, *gaîment.*

A tout hasard!... Je n'aurai perdu qu'un ruban, et je risque de gagner un secret, espoir que j'ai fait partager au roi, et un autre espoir encore... Maintenant que je puis à toute heure, et sans que personne s'en doute, me rendre auprès de lui, il sera facile de combiner avec adresse et prudence quelque nouveau moyen d'évasion.

HENRI.

Quoi!... vous y pensez encore?...

MARGUERITE.

Toujours!... et grâce aux nouveaux alliés qui me viendront en aide...

HENRI.

Et où les prendrez-vous?

MARGUERITE.

Dans le camp ennemi.

HENRI.

Ce n'est pas possible!

MARGUERITE.

Silence!... on vient!... C'est l'Infante!...

SCÈNE III.

HENRI, *se retirant à l'écart,* MARGUERITE, ISABELLE.

ISABELLE, (*venant du fond et s'avançant mystérieusement près de Marguerite.*)

Eh bien! quelles nouvelles?...

MARGUERITE, *à demi-voix et rapidement.*

Tout est rompu, vous êtes libre... Voici vos lettres... A vous de commander... à lui d'obéir!

ISABELLE.

Merci! j'en userai... A mon tour, je viens vous dire... (*Apercevant d'Albret, elle s'arrête et fait un geste de surprise.*) Ah!...

MARGUERITE.

Vous pouvez parler devant M. d'Albret, il est de notre conseil intime!

ISABELLE.

Je viens vous dire de prendre bien garde... car l'Empereur est d'une humeur terrible!...

MARGUERITE.

Contre qui?

ISABELLE.

Contre tout le monde; il vient de réunir là... dans son cabinet, ses principaux conseillers. Le comte Guattinara a été appelé; pour quel sujet? je ne puis vous le dire.

MARGUERITE.

Je le saurai.

ISABELLE.

Ah! et puis, avant le Conseil... l'Empereur a causé avec l'ambassadeur d'Angleterre... devant moi, sans gêne aucune.

MARGUERITE.

Comme marque de confiance...

ISABELLE.

Non... comme si je n'avais pas compris...

MARGUERITE, *vivement*.

C'est précieux!...

ISABELLE, *avec malice*.

Et je comprenais...

MARGUERITE, *gaîment*.

Vraiment!...

ISABELLE.

Je comprenais : Que le roi d'Angleterre se plaignait des projets d'agrandissement de l'Espagne, et que, comme il est allié de la France, il ne veut pas qu'on vous prenne la Bourgogne

MARGUERITE.

A merveille!

ISABELLE.

Que l'empereur lui a alors écrit à ce sujet, et qu'il attend aujourd'hui sa réponse.

MARGUERITE.

Merci... merci... Isabelle...

(*S'approchant de Henri pendant qu'Isabelle va s'asseoir à la table à droite.*)

HENRI.

Je n'en reviens pas...

MARGUERITE, *bas à Henri*.

Nous sommes très-bien ensemble...

HENRI, *bas*.

Guattinara!

SCÈNE IV.

LES PRÉCÉDENTS, GUATTINARA.

(*Isabelle est assise à droite du théâtre, près de la table. Henri a remonté le théâtre. Marguerite est assise à gauche, et Guattinara, qui sort en ce moment du cabinet du roi, parle, debout et à voix basse, à Marguerite.*)

GUATTINARA, *bas à Marguerite et rapidement*.

Je sors du conseil. Il y a été décidé que, pour couper court à toutes les intrigues qui se trament à Madrid, et pour déjouer toutes les tentatives d'évasion...

MARGUERITE.

Eh bien...

GUATTINARA.

Le roi François Ier serait, cette nuit, à neuf heures, transféré secrètement dans la citadelle de Valladolid.

MARGUERITE.

O ciel!... (*Bas à Henri qui s'est approché d'elle de l'autre côté.*) le roi est emmené de Madrid cette nuit à neuf heures.

HENRI, *de même*.

Tout est perdu!

MARGUERITE.

Peut-être! si on le délivrait à huit...

HENRI, *de même*.

Comment?

(*Guattinara, pendant le dialogue précédent, s'est approché d'Isabelle, qui est assise à droite; il l'a saluée respectueusement et lui adresse quelques paroles d'un air soumis et à voix basse.*)

ISABELLE, *à voix haute et n'ayant pas l'air de comprendre*.

Qu'est-ce, seigneur Guattinara? que voulez-vous dire?...

MARGUERITE.

Seigneur Guattinara... un mot...

ISABELLE, *à Guattinara*.

La princesse vous appelle.

(*Guattinara se retourne, aperçoit Marguerite qui lui fait le geste de venir à elle... geste que lui montre la reine. Guattinara et Marguerite sont à côté l'un de l'autre, debout, sur le devant du théâtre.*)

MARGUERITE, *bas*.

A moi... qui suis très-curieuse... dites-moi, de grâce, d'où vous vient... cette clé... vous savez... cette clé de l'oratoire...

GUATTINARA, *de même*.

De l'empereur!... c'était celle, m'a-t-il dit, de Philippe d'Autriche, son père...

MARGUERITE.

Comment cela?...

GUATTINARA, *à demi-voix et en riant*.

Pour échapper à la jalousie de Jeanne de Castille... qui, de son côté, ayant des soupçons, en avait fait faire, dit-on, une seconde...

MARGUERITE.

Où est-elle?...

GUATTINARA.

L'empereur ne l'a pas retrouvée...

MARGUERITE.

Il n'y a donc que celle-là... pour ouvrir l'oratoire..

GUATTINARA.

Pas d'autres.

MARGUERITE.

Vous allez me la confier?

GUATTINARA.

Comment?

MARGUERITE.

Jusqu'à demain!

GUATTINARA, *épouvanté*.

Moi, madame!... (*Se retournant.*) Dieu, l'empereur!

(*Marguerite se retire d'un pas en arrière, Guattinara s'avance au devant du roi et reste près de lui.*)

SCÈNE V.

CHARLES-QUINT, *sortant du cabinet à gauche*, GUATTINARA, MARGUERITE, HENRI, ISABELLE.

CHARLES-QUINT, *se retournant vers la porte de son cabinet avec impatience*.

Eh oui, Babiéça, montez à l'appartement de ma sœur, et qu'elle descende ici à l'instant. Il faut en finir avec ces révoltes de femmes! (*Il aperçoit Marguerite, Henri, Isabelle, qui le saluent. Il s'arrête, rend aux deux femmes leur salut, et dit en regardant Marguerite.*) En l'honneur de mon mariage avec l'Infante Isabelle, nous accordons à notre ministre, monsieur le comte de Guattinara, notre ordre de la Toison-d'Or.

GUATTINARA.

Ah! sire...

CHARLES-QUINT.

En récompense de ses bons et loyaux services.

(*Marguerite, sans rien dire, regarde en souriant Guattinara, qui détourne les yeux.*)

CHARLES-QUINT, *continuant*.

En l'honneur de cette alliance, monsieur Henri d'Albret, et c'est pour cela que je vous ai fait venir, vous pouvez dire à monsieur le Connétable de Montmorency, à Son Éminence le cardinal Urbain, et à tous les seigneurs français, prisonniers à Madrid, que Charles-Quint leur accorde leur liberté, sans rançon, et leur permet (*Appuyant sur le mot.*), dès demain, de quitter Madrid; j'entends que vous les suiviez.

HENRI, *à part*.

O ciel! (*Haut.*) Votre Majesté me permettra-t-elle du moins de voir une dernière fois mon souverain, avant mon départ, et de lui faire mes adieux?...

CHARLES-QUINT.

Soit!... en présence du président de l'audience de Castille. Je prie monsieur d'Albret de répéter à Sa Majesté qu'il ne tient qu'à elle de partir dès demain, avec ses fidèles serviteurs... elle sait à quelles conditions... (*Il va s'asseoir à droite.*) Guattinara, la clé de mon oratoire...

MARGUERITE, *à part*.

O ciel! (*Elle fait signe à Guattinara de ne pas la donner, et celui-ci lui fait signe qu'il ne peut faire autrement.*)

CHARLES-QUINT.

Eh bien!

GUATTINARA, *remettant la clé au roi*.

La voici!...

MARGUERITE, *bas à d'Albret*.

Ah! maintenant plus d'espoir!

SCÈNE VI.

PRÉCÉDENTS, ÉLÉONORE, *entrant par la porte du fond.*

ÉLÉONORE.

…e me rends à vos ordres, mon frère...

CHARLES-QUINT.

…e suis à vous.

…léonore, qui était descendue au milieu du théâtre et à qui Charles-Quint fait signe de venir à lui, tourne le dos à Marguerite, passe devant Guattinara, et va se placer près de Charles-Quint.)

HENRI, *bas à Marguerite.*

Pour nous, cette fois, tout est perdu!

…GUERITE, *apercevant sur l'épaule d'Éléonore son nœud de rubans bleus et poussant un cri.*

Ah!... pas encore!... pas encore!...

HENRI.

Quoi donc?

MARGUERITE, *à voix basse.*

Regardez... sur l'épaule d'Éléonore...

HENRI, *de même.*

Ce ruban bleu...

MARGUERITE, *de même.*

C'est le mien!...

HENRI, *de même.*

Il serait possible... c'est elle l'inconnue?...

MARGUERITE, *de même.*

Eh oui... c'est elle... Prenez congé de l'empereur... Je vous …ejoins!

HENRI, *saluant respectueusement le roi.*

Sire, je vais me mettre aux ordres de M. le président de l'audience de Castille. (*Il sort par la porte du fond, reconduit de quelques pas, par Guattinara, qui revient se placer à l'extrême gauche du théâtre.*)

SCÈNE VII.

GUATTINARA, CHARLES-QUINT, ÉLÉONORE, MARGUERITE, ISABELLE.

MARGUERITE, *pendant le temps de cette sortie n'a cessé de regarder Éléonore.*

Pauvre et généreuse enfant... Ah! je n'y tiens plus!... (*Allant à elle.*) Éléonore... que je vous embrasse... laissez-moi vous embrasser... (*En embrassant Éléonore, Marguerite détache de son épaule le nœud de rubans.*)

CHARLES-QUINT.

Eh! pourquoi donc?...

MARGUERITE.

Pour qu'elle sache, au moment où tout l'accable... qu'il y a encore une amie qui lui est dévouée... et je n'entends pas qu'elle ignore, sire, ce que j'ai voulu et ce que je veux encore faire pour son bonheur!... Adieu!... adieu!...

CHARLES-QUINT, *qui, pendant ce temps, a contemplé Marguerite.*

Princesse... vous avez une idée, en ce moment?...

MARGUERITE, *gaiement.*

Moi!

CHARLES-QUINT.

Une idée que je ne puis deviner... Mais vous méditez quelque chose!

MARGUERITE.

Que je vais vous avouer, sire. La reine donne aujourd'hui une soirée dont l'heure approche, et je vais m'occuper de ma toilette (*Faisant une profonde révérence*), si Votre Majesté veut bien me le permettre. (*Elle sort par le fond.*)

SCÈNE VIII.

GUATTINARA, CHARLES-QUINT, ÉLÉONORE, ISABELLE.

CHARLES-QUINT, *la regardant sortir et se levant.*

C'est à confondre!... Cet air joyeux et triomphant quand je la croyais accablée... quand la captivité de ce frère qu'elle adore est plus étroite que jamais!... songer à quoi!... à sa toilette... Cette femme-là est inexplicable...

ÉLÉONORE, *qui voit que son frère ne lui parle pas.*

Votre Majesté m'a fait demander!...

CHARLES-QUINT, *avec impatience.*

Pour la dernière fois, Éléonore, voulez-vous obéir à votre frère, à votre roi, servir ses desseins et épouser le connétable de Bourbon?...

ÉLÉONORE, *timidement.*

J'avais dit à Votre Majesté que je préférais le couvent.

CHARLES-QUINT.

Et maintenant que vous avez réfléchi?...

ÉLÉONORE.

Ma vocation est la même.

CHARLES-QUINT.

Soit!

ISABELLE, *intercédant pour elle.*

Ah!... sire!...

CHARLES-QUINT.

Guattinara, tu préviendras la duchesse d'Ossone, qu'elle aura à accompagner ma sœur au couvent de Saint-Ildefonse... C'est Babiéca qui y conduira ces dames dès ce soir!

ISABELLE.

Dès ce soir?

CHARLES-QUINT.

Il est inutile que cette future religieuse assiste à votre soirée... et puis... il y a entre elle et Marguerite quelques intelligences... quelques intrigues de femmes... que je sens... que je ne puis deviner... et contre lesquelles je suis las de lutter. Nœud gordien que je n'ai pas le temps de dénouer et que je trancherai. (*A Isabelle.*) Madame, vous direz ce soir à la princesse Marguerite qu'elle ait à quitter Madrid dès demain.

ISABELLE, *avec effroi.*

O ciel!... Elle croirait que c'est moi qui suis la cause de ce départ... et pourrait bien alors ne pas me le pardonner!...

CHARLES-QUINT.

Le grand mal! Eh bien, toi, Guattinara, tu te chargeras de lui intimer ce conseil... ou plutôt cet ordre.

GUATTINARA, *tremblant.*

Que Votre Majesté m'en dispense! Rien ne pourrait l'empêcher de croire que c'est moi qui l'ai desservie auprès de vous... et dans son ressentiment...

CHARLES-QUINT.

Ah çà... tout le monde, à ma cour, tremble donc devant elle et n'ose affronter son courroux?... Elle est donc plus reine à Madrid, que je ne suis roi?... Je l'ai dit: (*A Isabelle à voix haute.*) Ma sœur à Saint-Ildefonse... (*A demi-voix, à Guattinara.*) le roi de France à Valladolid... et quant à Marguerite... c'est moi qui me charge de son départ, et nous verrons dès demain qui gouverne ma cour, d'elle ou de moi! Viens, Guattinara... (*Il sort par la gauche avec Guattinara.*)

SCÈNE IX.

ISABELLE, ÉLÉONORE, *puis* MARGUERITE.

ISABELLE, *à Éléonore.*

Oh! comme il est en colère... Vouloir vous enfermer dès ce soir dans un couvent... Que je vous plains, Éléonore!...

ÉLÉONORE.

Il y en a de plus à plaindre que moi... Je quitte un frère qui ne m'aime pas, et cette pauvre Marguerite est séparée pour jamais, peut-être, d'un frère qui l'aime tant... et qui est si malheureux!...

MARGUERITE, *qui s'est approchée à pas de loups et qui passe entre elles deux.*

Pas tant que vous croyez... puisqu'on pense à lui et qu'on le plaint...

ÉLÉONORE.

Ah! vous voilà, princesse!...

ISABELLE.

Arrivez donc vite...

ÉLÉONORE.

De nouveaux complots se trament contre vous!

ISABELLE.

On veut que demain vous quittiez Madrid.

ÉLÉONORE.

Nous vous en prévenons...

MARGUERITE, *leur prenant la main.*

Bien... bien... mes amies!... mais j'ai mon plan, et je réponds de tout, si vous voulez me venir en aide.

ISABELLE.

Nous le voulons.

ÉLÉONORE.

Mais moi, je pars!

MARGUERITE, *effrayée.*
Vous partez?...

ÉLÉONORE.
Dès ce soir.

ISABELLE.
Pour le couvent... Est-ce ennuyeux !...

MARGUERITE.
Et qui l'y oblige?...

ISABELLE.
L'empereur, qui le veut...

MARGUERITE.
Et si nous ne le voulons pas?...

ISABELLE et ÉLÉONORE.
Comment cela?

MARGUERITE.
Trois femmes qui ont mis une chose là... (*Montrant son front.*) peuvent tout braver, tout défier; rien ne leur résiste... quand elles s'entendent!... Par malheur... elles ne s'entendent presque jamais!...

ISABELLE.
Ici cependant... même en étant d'accord, je ne vois pas de moyen...

MARGUERITE.
C'est ce qui vous trompe... Ce serait plus facile encore à vaincre (*A demi-voix.*) que les dangers de ce matin.

ISABELLE, *de même.*
Notre secret à nous deux!

MARGUERITE.
Si je pouvais seulement dire quelques mots à Eléonore, sans crainte d'être interrompue ou surprise... par l'empereur...

ISABELLE.
N'est-ce que cela?... Parlez vite... je veille pour vous!

MARGUERITE.
Bien! très-bien!

ISABELLE.
Après le service que vous m'avez rendu ce matin...

MARGUERITE, *gaiement et montrant Isabelle.*
Ah!... Un bienfait n'est jamais perdu! (*Isabelle s'est rapprochée de la porte de gauche, regarde et écoute si personne ne vient. Pendant ce temps-là, Marguerite est sur le devant du théâtre à droite, près d'Éléonore.*)

MARGUERITE, *à voix basse à Éléonore.*
Éléonore... protectrice invisible!... ange gardien qui avez sauvé mon frère...

ÉLÉONORE, *poussant un cri et se cachant la tête dans ses mains.*
Ah!... je suis perdue!...

ISABELLE, *vivement et de la porte.*
Qu'est-ce donc?...

MARGUERITE, *à Isabelle.*
Rien... ça commence... (*S'adressant vivement à Éléonore.*) ne tremblez pas!... ne rougissez pas devant moi, sa sœur, comme vous malheureuse, et dévouée comme vous!... devant moi, qui ne rêve que votre bonheur à tous deux.

ÉLÉONORE, *vivement.*
Que dites-vous?

ISABELLE, *près de la porte.*
Qu'y a-t-il?

MARGUERITE, *à Isabelle.*
Cela va déjà mieux! (*à Éléonore.*) Oui, si pour me venger de vos dissimulations et de vos mystères, cet amour qui naquit dans l'ombre pouvait, grâce à moi, apparaître au grand jour. Si vous aviez le droit de l'avouer et d'en être fière!...

ÉLÉONORE.
Moi?... Ah! tout mon sang pour un sort pareil!...

ISABELLE, *de même.*
Eh bien?... eh bien?...

MARGUERITE, *à Isabelle.*
C'est fini!...

ISABELLE, *descendant vivement en scène.*
Est-il possible?

MARGUERITE.
C'est convenu!... Elle n'ira pas au couvent!

ÉLÉONORE, *avec exaltation.*
Plutôt mourir!...

MARGUERITE.
Vous l'entendez!

ISABELLE.
C'est admirable!... Eh bien! maintenant,... votre projet, votre plan?... Pour qu'il réussisse, nous voilà toutes les trois!

MARGUERITE.
Au contraire!... pour qu'il réussisse, il est important qu'Éléonore disparaisse pendant une demi-heure au moins!...

ISABELLE.
C'est singulier!... et où la cacher?...

MARGUERITE.
Un seul endroit est sûr.

ISABELLE.
Lequel?

MARGUERITE.
L'oratoire de l'Empereur.

ISABELLE.
C'est juste;... il n'y va jamais!

ÉLÉONORE, *à demi-voix.*
Ah! Marguerite,... que me proposez-vous là?...

MARGUERITE, *de même.*
Le seul asile... le seul refuge où vous soyez sous la protection de Dieu... et de l'honneur... Mais pour cela... (*La regardant avec inquiétude.*) il faudrait pouvoir pénétrer dans cet oratoire!...

ÉLÉONORE, *vivement.*
Je le puis...

MARGUERITE, *de même.*
En avoir la clé?...

ÉLÉONORE, *de même.*
Je l'ai!

MARGUERITE.
Laquelle?

ÉLÉONORE.
Celle de ma mère!

MARGUERITE, *se dirigeant vers la porte du fond.*
Je m'en doutais! courons...

ISABELLE.
Un instant!... Si vous sortez par le grand escalier... la duchesse d'Ossone... Babiéça ou d'autres vous verront monter.

ÉLÉONORE.
C'est vrai!...

MARGUERITE.
Comment faire?...

ISABELLE.
Par ma chambre à moi, celle de Jeanne de Castille ..

MARGUERITE.
Qui conduisait aussi à l'oratoire...

ÉLÉONORE.
O bonne petite reine... merci!

MARGUERITE, *passant entre elles deux et les tenant chacune sous le bras.*
Vous voyez bien que quand on s'entend pour l'amitié... et la défense commune... (*A Éléonore, la faisant passer par la petite porte à droite.*) Venez, venez. Enfermez-vous bien dans l'oratoire, et n'ouvrez qu'à ceux du dehors qui diront ces mots: *Le roi et la France!...* Parlez. (*Eléonore sort. — A Guattinara qui entre.*) Qu'y a-t-il?

SCÈNE X.

Plusieurs dames et seigneurs commençant à entrer par le fond. GUATTINARA, *sortant du cabinet du roi à gauche.* MARGUERITE, ISABELLE.

GUATTINARA, *s'approchant de Marguerite, lui dit à voix basse.*
Un courrier d'Angleterre vient d'arriver.

MARGUERITE.
Enfin!

GUATTINARA.
Porteur d'une lettre de la main même du roi Henri VIII.

MARGUERITE.
Qui est furieux de la captivité de François Ier.

GUATTINARA.
Non!

MARGUERITE, *étonnée.*
Il prend au moins sa défense?

GUATTINARA, *toujours à voix basse.*
Il prend autre chose!

MARGUERITE.
Quoi donc?

GUATTINARA, *de même.*
La Picardie, qu'il accepte pour lui, et, à cette condition, il nous laisse prendre la Bourgogne.

MARGUERITE, *à part avec dépit.*
O les bons alliés! si on ne comptait que sur eux!...

SCÈNE XI.

LES PRÉCÉDENTS, *les* SEIGNEURS *et* DAMES *de la cour*, CHARLES-QUINT, *puis* HENRI D'ALBRET.

HENRI, *s'approchant de Marguerite, pendant que Charles-Quint reçoit les hommages des seigneurs et des dames.*
J'ai prévenu le connétable de Montmorency, le cardinal Urbain, et tous ceux qui avaient eu l'honneur d'être invités par vous.

MARGUERITE, *à voix basse.*

A merveille!...

HENRI.

Quand neuf heures sonneront... tout sera terminé.

MARGUERITE.

C'est un quart d'heure qu'il nous faut. Nous l'avons et au delà! (*Elle passe à gauche et s'assied près d'Isabelle.*)

(*Dans ce moment Charles-Quint aperçoit Henri d'Albret. Il quitte le groupe de seigneurs avec lesquels il causait, et s'avance vers Henri.*)

CHARLES-QUINT.

Eh bien... Monsieur d'Albret... vous venez de voir mon frère François Ier. Quelle est sa réponse?

HENRI.

Celle que je pressentais, sire. Dût-on changer sa prison en un cachot, il ne cédera sur rien de ce qui touche à l'honneur de la France!

CHARLES-QUINT, *bas à Guattinara en souriant.*

Je comprends!... Il se croit sûr de l'appui du roi d'Angleterre... de là sa fierté!... Elle tomberait bien vite, s'il voyait de ses propres yeux cette lettre d'Henri VIII... dont je ne puis me dessaisir... Mais... (*Après un instant de réflexion.*) Si j'allais la lui montrer!...

GUATTINARA, *à demi-voix.*

Vous, sire!

CHARLES-QUINT, *de même.*

Moi-même... avant ce départ auquel j'aimerais mieux ne pas avoir recours.

GUATTINARA, *de même.*

Accompagnerai-je Votre Majesté?

CHARLES-QUINT.

Oui... Dis à un officier de prendre un flambeau.

(*Pendant cette conversation, qui s'est faite à demi-voix sur le devant du théâtre, à droite, les seigneurs et dames sont assis dans le salon et forment différents groupes. Marguerite et Isabelle sont assises l'une près de l'autre, sur le devant du théâtre, à gauche. D'Albret, debout derrière Marguerite. Charles-Quint va causer avec une dame à l'extrême droite. Guattinara traverse le théâtre, donne à un officier l'ordre d'allumer un flambeau, et se trouve placé debout à la droite du fauteuil de Marguerite.*)

MARGUERITE, *bas à Guattinara.*

Qu'y a-t-il?...

GUATTINARA, *à voix basse.*

Il va monter lui-même chez le prisonnier.

MARGUERITE.

Dans ce moment! ô ciel! comment l'empêcher? faire naufrage au port!...

HENRI.

Quand il ne nous fallait plus que quelques instants!

MARGUERITE.

Quelques instants, mon Dieu!... comment les gagner... ah! (*Elle voit l'officier qui s'est approché de l'empereur, portant un flambeau. L'empereur se dispose à sortir. A voix haute à Isabelle.*) Puisque Votre Altesse le veut absolument...

ISABELLE, *à demi-voix.*

Je ne veux rien!

MARGUERITE, *de même.*

Si vraiment!... (*A voix haute.*) puisqu'elle l'exige...

ISABELLE, *à voix haute.*

Oh! certainement... je l'exige.

(*Charles-Quint fait signe à l'officier de le précéder, et se met en marche.*)

MARGUERITE.

Je vais lui dire ce vieux fabliau... (*Charles-Quint s'arrête.*) ce conte pour lequel elle a la bonté de réclamer ma promesse...

CHARLES-QUINT.

Ah! le conte de ce matin... Ce qui plaît aux dames. (*Il fait signe à l'officier de partir.*)

MARGUERITE.

Non, Sire, car celui-là vous le connaissez, et je préfère en raconter un autre, qui plaira peut-être mieux à Votre Majesté.

CHARLES-QUINT.

A moi!... (*A l'officier lui faisant signe de la main de poser le flambeau sur la table à droite.*) Tout à l'heure!...

ISABELLE.

C'est un conte nouveau?

MARGUERITE.

Tout nouveau... car il est à peine fini...

CHARLES-QUINT, *toujours debout.*

Ah!... il n'est pas entièrement terminé...

MARGUERITE.

Il s'en faut de bien peu! et si ces dames, et surtout Sa Majesté, daignent m'aider pour le dénouement...

CHARLES-QUINT.

Ah! cette fois, c'est le dénoument qui vous embarrasse...

MARGUERITE.

Beaucoup, Sire!...

CHARLES-QUINT.

Vous êtes si habile!... et avec votre esprit, madame... enfin voyons!

(*On avance un fauteuil à Charles-Quint au milieu du théâtre, mais il ne s'y assied pas encore.*)

MARGUERITE.

Je vais vous dire l'histoire d'un roi, brave, vaillant et malheureux... Ce roi, ou plutôt ce héros, se nommait...

CHARLES-QUINT, *faisant signe à l'officier qui reprend son flambeau.*

Je pourrais vous dire son nom...

MARGUERITE.

Il se nommait Richard à la cour d'Angleterre; (*Charles-Quint s'arrête.*) mais sur les champs de bataille on l'avait surnommé *Cœur-de-Lion.*

CHARLES-QUINT.

Ah!... (*A l'officier.*) Prévenez Sa Majesté le roi de France de ma visite... (*L'officier sort par la gauche, Charles-Quint s'assied et fait signe à Guattinara de s'asseoir, puis se retournant vers Marguerite:*) Ah! il s'agit de Richard Cœur-de-Lion...

MARGUERITE.

Prisonnier dans une forteresse par ordre de l'Empereur Léopold. Et ses sujets et ses amis se disaient: Comment délivrer notre vaillant roi Richard?

CHARLES-QUINT.

C'était là le difficile!...

MARGUERITE.

Par la force, il ne fallait pas y songer... la forteresse était inexpugnable... On ne pouvait avoir d'espoir que dans la ruse.

CHARLES-QUINT.

Et laquelle employa-t-on? voilà ce que je ne serai pas fâché de savoir.

MARGUERITE, *s'arrêtant.*

Quand je disais que cela piquerait la curiosité de Votre Majesté...

CHARLES-QUINT, *avec impatience.*

Mais enfin?... voyons!

MARGUERITE.

Attendez donc, Sire... Il faut laisser à la personne qui conte le temps de préparer ses moyens, et de graduer l'intérêt.

ISABELLE.

C'est juste!...

MARGUERITE.

Il y avait à la cour de Richard une personne qui l'aimait tendrement...

CHARLES-QUINT, *souriant, avec malice.*

Sa sœur, peut-être!...

MARGUERITE.

Oui, Sire! Elle avait déjà tenté plusieurs moyens d'évasion qui avaient tous échoué.

CHARLES-QUINT, *souriant.*

C'est que peut-être l'Empereur Léopold était plus fin et plus adroit qu'elle!...

MARGUERITE, *avec un sourire.*

Probablement!

HENRI, *bas, à Marguerite.*

L'heure est expirée!

MARGUERITE, *à part, avec joie.*

Grand Dieu!... (*Haut, à l'Empereur, avec embarras.*) Alors, Sire...

CHARLES-QUINT.

Alors... (*Se levant, avec impatience.*) Eh bien!.. comment finit l'histoire?...

MARGUERITE, *qui s'est levée aussi, et qui es debout près de l'Empereur, lui dit à voix basse.*

Elle s'achève en ce moment!... (*Geste d'étonnement de l'Empereur, et Marguerite poursuit rapidement, et à voix basse.*) Mais je ne puis la raconter qu'à l'Empereur!... à lui seul!... car lui seul doit l'entendre!...

(*L'Empereur fait éloigner tout le monde, et se rapproche de Marguerite.*)

CHARLES-QUINT, *à Marguerite.*

Qu'est-ce que cela signifie?

MARGUERITE, *lentement.*

Que le roi François Ier est, en ce moment...

CHARLES-QUINT, *vivement, avec colère et à voix basse*

Évadé ?...

MARGUERITE.

Non, Sire, mieux que cela.

CHARLES-QUINT.

Eh ! quoi donc ?

MARGUERITE.

Marié !... dans votre oratoire, à votre sœur !...

CHARLES-QUINT.

Mariage nul !...

MARGUERITE.

Célébré par le cardinal Urbain ;. en présence du connétable de Montmorency, du comte de Comminges et des principaux seigneurs de France.

CHARLES-QUINT.

Sans mon aveu !

MARGUERITE.

Éléonore était veuve, maîtresse de sa main ;... et au lieu de porter plainte devant le pape et devant la chrétienté, de ce que votre sœur devient reine de France, je voudrais qu'une union qui termine de si grandes querelles eût été contractée, non pas à l'insu de Charles-Quint, non pas malgré lui, mais par un calcul de sa haute politique. (*Le roi fait un mouvement, mais ne répond pas. Marguerite le regarde et continue.*) Et s'il regarde dès ce jour cette union comme son œuvre, il sentira qu'au mari de sa sœur, à celui dont l'honneur devient le sien, on peut encore, au nom de l'Espagne, imposer des conditions rigoureuses... mais non déshonorantes !... Je m'arrête... Le conte que j'ai osé rêver eût été trop téméraire et trop invraisemblable, si je ne m'étais fiée, pour qu'il devînt de l'histoire, à la générosité et au génie d'un grand homme !

(*Charles-Quint, après un instant de silence et de combat intérieur, ne regarde point Marguerite, mais se retourne vers les personnes de sa cour qui sont restées à l'écart, leur faisant signe d'avancer.*)

CHARLES-QUINT, *gravement.*

J'ai voulu annoncer ce soir à ma cour que mon mariage avec Son Altesse Royale l'Infante de Portugal, devait se célébrer demain, et je suis charmé en même temps d'avoir à lui faire part d'une autre nouvelle, sur laquelle j'attends ses félicitations : tous nos différends avec la France et avec son roi sont enfin heureusement terminés, par le mariage d'Éléonore d'Autriche, ma sœur, avec le roi François Ier.

(*Mouvement général de surprise.*)

HENRI, GUATTINARA, ISABELLE.

O ciel !

ISABELLE, à *Charles-Quint, qu'elle félicite.*

Ah ! Sire ! une nouvelle aussi heureuse...

MARGUERITE, *jouant aussi l'étonnement*

Aussi inattendue !...

GUATTINARA.

Un projet aussi habilement, aussi secrètement conçu !... vous êtes, Sire, notre maître à tous !...

CHARLES QUINT, *avec impatience.*

C'est bien !

GUATTINARA.

Car moi-même je ne m'en doutais pas !

CHARLES-QUINT.

C'est bien, vous dis-je ?... (*A Marguerite*) Je donne pour dot à ma sœur, la Bourgogne ; et dans notre traité avec François Ier, nous n'oublions pas le petit royaume de Navarre, que l'Espagne et la France doivent protéger...

HENRI, *à part, avec joie et regardant Marguerite.*

Roi de Navarre ! ! !

MARGUERITE, *avec reconnaissance.*

Ah !... voilà ce que l'Europe appellera un acte de bonne politique... et moi, Sire, un acte de grandeur d'âme !...

CHARLES-QUINT, *à demi-voix.*

Et mes espérances et mes promesses ; Marguerite, comment les appellerez-vous ?

MARGUERITE, *souriant.*

Les contes (*Regardant Henri.*) de la Reine de Navarre !

Paris. — Typ. Morris et Comp., rue Amelot, 64.

www.ingramcontent.com/pod-product-compliance
Lightning Source LLC
LaVergne TN
LVHW020630110826
845149LV00004B/1123
* 9 7 8 2 0 1 2 7 3 1 5 8 5 *